滄海叢刊

不疑不懼

王洪鈞 著

1976

東大圖書公司印行

行政院新聞局登記證局版臺業字第〇一九七號

中華民國六十五年二月初版

不疑不懼

基本定價貳元陸角柒分

著作者 王洪鈞
發行人 莊剛彰
出版者 東大圖書有限公司
總經銷 三民書局股份有限公司
印刷所 東大圖書有限公司
臺北市重慶南路一段六十一號二樓
郵政劃撥一〇七一七五號

序

本年暑假開始後，一連數晚，有幾個學校剛畢業的或四年級的學生，到家裏來閒談。對任何教書的人而言，這都是平常的事。但不平常的，是他們所關心的問題幾乎完全一樣：「我們以後怎麼辦？」問他們是談國事，還是個人前途？回答是：「我們個人怎麼辦？」

對這類問題，我有個標準的答案。「即刻確定你人生的目標，努力以赴，不受環境的影響；成固可喜，敗亦光榮；最低限度，心裏常感平安。」

不錯，這幾句話實在是老生長談；可是對於這些舉目茫茫，心上全無着落的青年們，既無能丟給他一塊木板，又何惜一支蘆葦呢？

一些青年何故對前途有茫茫之感？時局變化的原因嗎？可能。初出校門的原因嗎？也可能。但還有一個相當重要的原因。這些青年缺少了人生遠大的理想，偉大的抱負，對眼前的種種問題也不甚瞭解，甚至缺少瞭解的興趣。爲什麼會如此？整個的教育環境，特別是我們的人格教育要負其責任。

舉一椿極小的例子而言。近若干年來，大學畢業班的謝師宴常在觀光飯店舉行，有些尚稱簡單，有些則近乎奢侈。類此之事，校方，甚至導師們略加勸導卽可，原非問題。但有一班畢業生大概事前不知道當局的意向，照前屆之例向老師們發出邀柬。突然，學校通令禁止舉行。學生們自然不敢不從；但帖子已經寄出，無奈之際，只得收回。且不問他們收回邀柬時，內心有何感慨，或毫無感慨，祇要略加思索，應該想到這一紙禁令卽使維持了學校的尊嚴，却置這些青年的尊嚴於何地？更進一步說，一個人完成大學教育，對該不該設宴謝師自己都沒有足夠的智慧去決定，何能希冀他們對國家社會的問題明其大理，決其大疑？

國父領導革命之際，多少先烈拋妻別子，成仁取義。他們又是多大年紀？如果當時的青年已能明辨生死，這一代青年豈能不知道謝師宴之事當爲或不當爲。

我有近六年時間，祇能部份授課。最近兩年多來，又完全恢復教書生涯，發現許多大專學校學生情形與十多年前已有很大的不同。對國事的關切，與師長的關係，對課業的態度，對自己的認識，甚至日常生活種種，似乎都減少了深度與熱情。是偶然耶？還是必然？是不知其然耶？抑知其然而然？

我們必須承認今日青年在國內社會若干方面已經表現非凡。譬如馬路上所看到最新型的汽車多爲年輕人自己駕駛。大小公司的主管，常見美挺的青年。政府每年招待回國的學人尤多青年才俊。甚至政府機關也破格擢升若干省籍青年。但這一代的青年人如何呢？這一代青年的思想又是什麼呢？

我絕非故作危言。我毋寧認爲自己觀察有限。且不問青年的想法究竟如何，多少年來，我始終堅信中國的希望仍在這一代青年。因此，每有機會，我必勸說青年早立志，立大志，成大事。尤其在世界反共局勢撲朔迷離，國家處境日趨困難之際，青年們更要淸淸楚楚明明白白的知道我們應該怎樣的活着，我們活着又是爲了什麼，無須恐懼，沒有疑惑。我甚至認爲只要能明辨生死，原不必計較何處是生地，何處是死所。只要心在國家，心在文化，又那裏顧得了世俗的榮辱高下。

三民書局負責人劉振強先生志在文化，擬將民國五十四年以後十年來的拙作及講演稿出版。因字數太多，經商定將民國五十四年以迄民國五十六年年底這一階段的文字輯成本書，定名「不疑不懼」。自此以後直到民國六十二年八月筆者離開政府職務恢復敎職之際爲止，近六年期間文稿輯成「寧道不行」，同時出版。

但筆者早年拙稿，民國五十二年初由文星書局出版「生於憂患」一書（該局關閉後，改由「傳記文學」社發行。）繼有「太平洋文化事業公司」取去民國五十三年及五十四年一部份拙稿，出版「勇往直前」一書。惜乎「勇往直前」一書未見發行。此次乃選擇其中與青年及敎育問題有關者，併入「不疑不懼」一書，作爲第二部份。雖云兩部份，精神上還是一貫的。

對本書內容，自己尚感滿意。談不上學問見解，但心裏想說的話，盡可能都說了。一部份講演稿由何立莉、溫曼英、吳英玉、林淑蘭、魏誠及吳正朔等六位青年朋友溽暑之中代爲揮汗整理，併此致謝。

不疑不懼　目次

序
當代青年應立大志……一
讀書、生活、戀愛……六
勇往直前……一五
老的歲月·年輕的夢……二〇
二十五年前的寶貴一課……二五
有所不為……二八
國家未來繫乎青年的一念……三一
社會投資教育的途徑……四〇
僑生教育我見……四四
用堅強的年輕人……四七

解除年輕人的升學壓力……四九
現代青年應有的生活修養……五八
我的奉獻……六八
我對發展科學教育的意見……七二
建立大教育的觀念……七八
幾位教育家給我的影響……八五
多活一歲不爲老……九〇
對中國文化盡其責任……九八
民主社會的修養……一〇八
青年與革命……一一七
讀書要趁早……一二〇
跋「新興民族繁榮之道」……一二三
爲一大事而來……一二七
青年，我們的繼承人……一三一
當前社會中青年自處之道……一四〇
新聞、教育、政治……一五八

再談青年「接棒」……一七三
這一代青年的責任……一八〇
從畢業生就業調查報告看高等教育的質與量……一八九
學校對青年盡了完全責任嗎？……二〇〇
爲青年向教育當局呼籲……二〇三

當代青年應立大志

當代青年，在國內也好，在國外也好，只要有大志就好，沒有大志，那裏都不好。所謂大志，並非必以成敗而定，但一定要有，一定要走，走到那裏，算到那裏。事實上有了大志，自然會朝着這個方向努力，朝這個方向努力，必然會有成就。

青年人要努力培養獨立的思考能力，發揮其自然的潛德，撥開障眼的煙霧，點燃理智的明燈，以其燦爛的生命，成全基於不忍人之心所要做的一件大事，這就是大志。有了它，你會快樂、冷靜、勇敢、堅定！

我們從小就常常被人問道：長大之後要做什麼。恐怕不待上中學，就要準備一些話，以備老師出個作文題目，譬如「我的理想」之類，好振筆疾書。當然，許多年輕人確在不斷思索，長大之後究竟要作些什麼。不過在通常情形下，想要作的事時常變更，而且隨着年齡的增加，想法越變越實際。到中年以後，理想就漸漸和現實相融合；最後，只求溫暖而已。這就是立志的過程嗎？我想不是的。這只是一種願望或是慾望而已。尤其到了但求溫飽的階段，人的慾望已接近於一個平常的動物。去志字已很遠。

那麼，所謂立志只是叫青年人不要「但求溫飽」，而要吃得更好穿得更舒服嗎？果然如此，和溫飽也只是程度上的差異。一隻貓或是一隻狗，也知道揀好吃的吃。然則，人之異於禽獸者幾希？

把志字拆開來看，就是士之心。是讀書人心嚮往之一件大事。也可以說是人生一個總的方向。此志既立，必可不憂不懼，鼓舞直前。倘能如孔子所說：「吾十有五，而志於學。三十而立。四十而不惑。五十而知天命。六十而耳順。七十而從心所欲，不逾矩」，這自然是聖者。儘管終其一生，未能盡行其道，但孔子仍可「樂以忘憂不知老之將至」。我們不能和孔子相比，但志之既立，最低限度可以坦蕩蕩，不必患得患失，時常憂戚於心。

所云士人心頭一件大事，當非指着既富且貴而言。誠然，富貴之心，也人之常情；但人之終能異於禽獸者，仍在於不忍人之心。以此爲圓心而發射出去，則可近可遠，可此可彼，可成可不成，皆不失其道。英雄豪傑、仁人志士、大宗教家、大思想家、大教育家，固然可自立德、立功、立言，分途見之；卽是窮居陋巷，一簞食，一瓢飲，亦可不改其樂。

果存不忍之心立定一項大志，則思想與生活必定豁然又是一番境界，不難以天地爲宅，以萬民爲命。世俗之苦，不以爲苦，世俗之樂，不以爲樂。再以孔子爲例，孔子僅以「德之不修，學之不講，聞義不能從，不善不能改」爲憂，這就是一片仁人之心，也就是我們所說的志。孔子所樂者何？「巍巍乎，舜禹之有天下，而不與焉。」舜與禹之有天下乃爲諸生，而不是爲天子的地位，更不是爲一己的富貴，這又是何等的志向，何等的胸襟。難怪孔子要讚之爲「巍巍」。即我們一般人活在當年也會樂得手舞足蹈。

在這個觀點之下，生死問題便十分平淡了。生死當然不是一個平淡的問題。所謂自古艱難唯一死。螻蟻也知貪生，何況是人。即是我們說生死問題十分平淡時，偶感身體何處不適，也要去延醫服藥，求其速癒。惟生命之可貴，一個人才不能輕易把它斷送，而要待價而沽。這就是重若泰山與輕若鴻毛的抉擇。值得犧牲，則生命就不值錢，不值得犧牲，則生命十分寶貴。

在什麼情形下，值得犧牲；什麼情形下不值得犧牲呢？那就要看一個人有無大志了。孔子說過：「志士仁人，無求生以傷人，有殺身以成仁」。文天祥被俘之後不願投降，但求一死，曾說：「孔曰成仁，孟曰起義，惟其義盡，所以仁至」。基督耶穌被釘死在十字架上，也是從容之至，慷慨之至，因爲他們都認爲這樣的死，值得。當然除了自然的死之外，還有許多沒有價值的死，那就看一個人把生命的賭注在什麼時候押在那一寶上了。

本文刊出之際，正是五十四年國慶日。革命黨人當年爲推翻滿清，締造民國，拋頭顱，洒熱血的事蹟，便是生死抉擇最好的一例。今日讀林覺民的絕命書能不潸然淚下者有幾人？能夠落淚已近乎仁。至少我們已知道一種價值的標準，知道這般先烈已爲了最高的代價付出他們的生命。他們是志士。

事實上，今日之爲仁人志士者已非個個必須戰死沙場。要在必須有一個志向，有一個以不忍之心悱惻之意爲出發點確立的志向，而不惜在最値得犧牲的時候，將屬於自己的最寶貴的生命，爲它犧牲。前面說過，這個志向可遠可近，可大可小，但皆不失其道。也就是「志於道」。

或以爲在原子時代，太空時代，談這一套，不是高調，必是迂腐。其實，越是在這個時代，越要談此道。擧個最淺顯的例子來說，原子能可爲核彈而殺人無數，也可化爲和平用途，使荒漠爲良田。其差別何在？唯在一念之間。果有仁人之心，則今日的世界就是天堂；果然心存暴虐，瞬間天堂可成地獄。

在至善與極惡之間，還有一種心裏的狀況，就是痲木不仁。所謂痲木，不是自然的痲木，自然的痲木，就是心死了，那自然是可悲之事。所謂不仁，也不是眞的不仁，如共匪之嗜殺可謂不仁。這裏所說的痲木不仁，只是一種簡便的說法，意思是缺少一種不忍人的生活目標，也就是沒有志氣。

我雅不欲責備青年。因爲我一再認爲，青年人如何，中年人應負責任，中年人如何，老年人要負責任。但我們實不能不承認一個事實，或是一種現象。卽生活在這個時代和這個環境的青年，常常感到憂慮、恐懼、不安、不定、不知何所適從。許多人爲什麼在國內待下來，只是因爲不能出國；爲什麼出國，只是因爲在國內待不下來。這就是上述心理的一種反映。

原因究竟何在？有許多人說過了，也說得許多了。

其實，在國內也好，在國外也好，只要有大志就好。沒有大志，在那裏都不好。所謂大志，並非必以成敗而定，但一定要有，一定有走，走到那裏，算到那裏。事實上，有了大志，自然會朝着這個方向努力；朝這個方向努力，必然會有成就。要在青年人努力培養獨立的思考能力，發揮其自然的潛德，撥開障眼的煙霧，點燃理智的明燈，以其燦爛的生命，成全基於不忍人之心所要做的一件大事。這就是大志，有了它，你會快樂、冷靜、勇敢、堅定！

（後記）這是十年前爲「新出路」雜誌寫的一篇文章，刊於民國五十四年十月十五日該刊第一卷第六期。民國五十五年三月廿九日，「大學生」雜誌囑文，復以本文送刊，當時曾在文末註稱：「我最近曾在好幾個場合談到青年立志問題，但沒有一次比我所寫的『當代青年應立大志』這篇文字說得更清楚」。事隔十年，再讀前文仍有同感。

讀書、生活、戀愛

—青年問題答客問—

（問）青年節快要到了。先請問人生的青年階段從何時開始？究竟有多長？還有，青年階段應該做些什麼事？

（答）人生究竟分成幾個階段，從什麼時候開始到什麼時候爲止該算是那一階段，原無世界性的劃分標準。

照一般國際青年活動的規定來看，廿五歲以前和兒童時期以後這個階段，似皆可稱爲一個人的少年時代或青年時代。假如我們說三十歲以後才算成人，則三十歲以前，也可稱爲青年。

心理學家把青年期分成兩個階段，較早的稱作青年期，較後的稱爲年輕成人期。前者受家庭父母影響較大，而後者則接近成熟。不過，一般說來，青年階段對人生最爲重要。青年階段一切都在摸索，而事實上却在摸索中爲未來奠定基礎。就像一顆樹，在樹苗階段種植得不好，或是長歪了，將來便不容易長直，不容易成材。

至於說青年階段應該做些什麼事，很多人有很多不同的意見。不過我認爲青年是人格形成的時期，讀書和生活兩事最爲重要。也就是說必須多讀書培養自己的智慧，更要用自己的智慧處理自己的生活。所謂處理自己的生活，至少包括三部份：

第一、確立遠大的生活目標，

第二、養成積極的人生態度，

第三、形成健全的生活習慣。

(問)讀書的界說是什麼？青年應該怎樣讀書？

(答)讀書兩字，含義甚廣，任何書籍，識文習意，皆是讀書。所以廣義的說，凡是爲了求知而閱讀書籍，皆是讀書；古人說：「開卷有益」，就是這個道理。

縮小範圍而言，一個人在求學階段，無論是課內或課外，必然以讀書爲第一要務。課內書籍固然要讀，課外書籍也要選擇閱讀。最是青年階段，讀書格外重要。古人說：「讀書有三到，心到眼到口到，三到之中，心到最急。」青年時期，不但體力好，精神好，記憶力尤其好；讀書可稱事半而功倍。過了這段期間，記憶力衰退，思慮增多，儘管悟性較高，讀書必然事倍而功半。更重要的，青年時期讀書，尤其是文史哲學一類，確實可以增長智慧，形成其高超的人格。

可惜今日在升學主義的影響下，青年們在中小學階段幾乎將全部時間皆用來讀教科書和參考書；甚至無須背誦的，也花上許多時間去背誦。尤其是英文，若干學生十分努力，但由於教學方法不良或師資不好，許多功夫都白費了。

進入大學以後，好讀書的學生又可分成兩類，譬如讀理工科的和爭取獎學金的，必然會抱着課本啃，文法科學生讀書範圍比較廣泛，但由於缺少指導，每每隨興之所至去讀書，而沒有一個系統，也沒有重心。這種讀書方式都不能算很理想。

因此，我認爲青年階段讀書，應該尋求讀書指導，訂定讀書計劃，以前人的讀書經驗，免除自己的摸索浪費，而且要按步就班，循序以進。這種方式看去很機械，但可省精神，省時間，也容易有較大的收獲。

我曾着手爲政大新聞系的同學編訂一本課外必讀書目錄，也廣泛徵求過許多學者先進的意見。可惜懸的過高，所訂目標與同學的讀書與趣和能力都一段距離，以致成效不彰。

（問）讀報是不是也很重要？青年應該怎樣讀報？

（答）讀報當然重要。報紙就是一本眞實世界的大書，一天就是一個段落，而且活到老必須讀到老。

讀報的重要是多方面的。它可以給你生活百態的報導，使你瞭解環境變化，鑑往知來；它可以給你各種有用的意見和知識，幫助你解決生活上大大小小各種問題；還可以提供文藝作品，使你得到樂趣，排遣生活的枯燥和緊張。

不過，讀報和讀書一樣，需要小心。我們不能不依賴報紙，但也應該瞭解報紙的缺點所在。報紙充滿了主觀的意見。不但是社論、短評，或是專論之類，就是客觀的新聞亦非絕對客觀。因爲報導既出諸人爲，便沒有絕對的客觀；更何況在報導的過程中還有許多主觀的陷阱。其次，報紙所報導的新聞，不同於書本的知識，不是有系統的，也不必然是循序發展的；因此不易窺知一件事的全貌。此外，報紙的內容，尤其是新聞，多充滿了錯誤。

因此，對於讀報，最好做到下列幾點：

第一、要養成逐日讀報和定時讀報的習慣。誠然報紙缺點很多，但報紙究竟還是當前各種大衆傳播媒介中最大的新聞來源。孔子說過：「益者三友，友直、友諒、友多聞。」今日的報紙，至少是最多新聞的大衆傳播媒介。如果我們每天能靜靜的坐下來以三十分鐘的時間多讀幾份報紙，相信必可獲益甚多。

第二、不要只看報紙的標題，而不顧新聞內容。標題是編輯的工作，而新聞內容才是採訪記者接觸事實所作的報導。標題具有高度的歸納性，因此很容易失眞。尤其是我國報紙的標題，甚至不能脫離舊文學的窠臼，主觀性極爲強烈。因此，欲明瞭一件事的眞實意義，必須要竟讀新聞全文。

第三、不要只看報紙上最使你感到興趣的一部份。今日的報紙雖說爲大衆而設計，內容極爲廣泛，包羅萬象；但今日社會的現象往往是互相關聯的，甚至互爲因果。讀報之際，不管那一版或那一類新聞最使你感到興趣，你仍然要把注意力分散到整份的報紙，以獲知社會環境變化的全貌。舉例來說，太多讀者對財經新聞不感興趣。事實上，欲生存於今世，欲謀未來的發展，豈能忽略財經的活動。

尤其是當前若干報紙每在版面上、標題上，或內容裏渲染新聞的趣味性，一般大衆極易爲其所吸引，而減少讀報的益處。

第四、不要輕易形成意見。民主社會，每個人的意見都很重要。但一個人對各種問題形成意見的過程裏却充滿了各種的危機與陷阱。果不能深思，並運用理性的力量，極難擺脫各種預設的圈套，甚至被自己的意識模式所支配而不自知。因此，我們每天讀報，必須對各種新聞各種意見，仔細的分析研判，必要時與朋友們討論，或向專家請益，然後形成自己的意見。

不要以爲偶然一天無暇對問題深思而輕易接受了他人配給的意見，並無妨害。孰不知報紙是有連續性的，在一個思想方向，一個固定的觀點之下，不斷灌輸，豈能不受其影響。俗稱：簷水穿石，就是這個道理。因此，民主社會的國民一定要愼思明辨。

(問)就您的觀點來看，文藝和青年的關係如何？

(答)我的淺見，文藝可以說是人類精神文明的最高成就。我們中國古代的教育，原是六藝的教育，文藝也是教育內容的一部份，且與其他學問和人生道德相貫通。孔子說：「志於道，據於德，依於仁，遊於藝」就是這個道理。

文藝不是吟風弄月，無病呻吟，也不是裝飾或擺設。文藝是感情的最眞實的表達，是生活的最眞實的寫照，也是人生價值最熱誠的追求。

青年是人生最純眞的階段，最富感情的階段，自然要在文藝之中培養其情操，發抒其感情，滿足其想像力，無形中得到最有利於健全人格發展的環境。

我認爲一個人在青年時期，對任何一種文藝，無論是文學、詩歌、美術、戲劇、音樂、舞蹈，應該有所浸淫，有所陶醉，必然有助於情緒的平衡。

（問）您剛才談到青年階段應該形成健全的生活習慣，養成積極的人生態度，能否作進一步的解釋？

（答）這兩件事，和我前面所說的確立遠大的生活目標，其實都是密切相關的；也可以說就是一件事。我們傳統的人生哲學，在大學的八個條目中已充份的顯示。誠然格物、致知、誠意、正心、修身、齊家、治國、平天下只是在表現一種修己治人的順序，但也可以看出一個人的思想認識必然見之於生活的態度與習慣。這就是我們常常說到的「內聖外王」，「誠於中而形於外」的道理。果然我們具有遠大的生活目標，自然會有積極的人生態度，和健全的生活習慣。相反地，便不能如此。

論語有云：「士志於道，而恥惡衣惡食者，未足與議也」。再看天主教的修士所以不結婚，必求其個人的生活態度和習慣達到一種高超的境界，以領牧其敎徒。

至於說怎樣的生活習慣才算健全，自然沒有固定的漠式。我個人認為且不談多麼遠大的生活目標，即是想在一生光陰裏對任何一件事情或是一種學問有所成就，總需要健康的體魄和有恒的習慣。譬如早起身，多運動，勤讀書，不沾染煙酒嫖賭等惡習，總是有益的。

我為什麼強調青年時期形成健全的生活習慣，正因為習慣對人的影響力很大。一旦養成習慣，一個人的心理與行為往往就受習慣的支配，雖難猶易。反之，雖易猶難。此外，青年時期，好奇心強而血氣方剛，很容易受環境的刺激與朋友的影響。像孟母三遷，不過為了找尋一個較好的生活環境，而使童年時期的孟子不致沾染上不良的生活習慣。當然，生活習慣只是外在的，內在的力量譬如生活的目標和態度更為重要。

怎樣才叫做積極的人生態度呢？這實在是個很大的問題，絕非現在三言兩語可以探討。國父說過一句話：「人生以服務為目的」。我想這句話已經涵蓋了中外聖哲所提倡的各種人生觀的要義。

一個人的生命在人類的生活歷史中眞是一瞬間；在宇宙之中，更是渺小得等於沒有存在。如何使人生有意義，最好是看自己能對他人作多少貢獻。一個政治家，或是一個科學家可能使全世界的人皆蒙其惠，一個醫生，一個教師同樣可以影響無數人羣。無論貢獻大小，總要使自己對他人有用。退一萬步講，不要作社會的寄生蟲。這都可算是積極的人生觀，

(問)在結束訪問之前，可否請您談一談青年的戀愛問題？

（答）這又是一個大問題，尤其不能在最後的幾分鐘內作深入的討論。

簡單的說，戀愛是人生不可缺少的一部份，尤其是青年時期。詩經國風有：「窈窕淑女，君子好逑」之句。哥德的兩句話：「那個少女不懷春，那個少年不多情」，也很流行。

不過，戀愛常和婚姻有着不可分的關係。我國古代男女界線森嚴，婚姻多憑父母之命媒妁之言，可以說是先結婚而後戀愛。這樣的婚姻，誠然一樣可以培養愛情；但想像得到的，如果不能產生愛情，必然導向不幸的婚姻。今日社會自和過去大不相同，戀愛在前而結婚在後。誠然盲目的戀愛亦容易導致失敗的婚姻，譬如有人說過：「婚姻是戀愛的墳墓」。但世界各國的趨勢總是放任青年人有較早的戀愛機會，而延後結婚的年齡。姑不論多少歲結婚才算理想，使婚前有足夠的接觸機會藉以增加婚後的保障，總是當前流行的觀念。因此，在青年階段的戀愛期間必然提早，而且加長。

但戀愛究竟是快樂的呢？還是痛苦的呢？還是苦樂皆在其中呢？此處暫不討論。無論如何，戀愛是一種驚心動魄的事，青年無法避免。

如果青年們能把戀愛處理得很好，不致影響其求學和正常的生活，自然最爲理想。不然的話，毋寧把戀愛的時間後延，因爲結婚的年齡一般說來，也在後延。

高中時期，最好不要陷入戀愛的羅網。不談戀愛，不是說不結交異性朋友。不過與其交一個異性朋友，不如和若干朋友相處；如其對一個異性朋友情有所鍾，不如在若干朋友之中保持兄弟姐妹之愛。最好的方法，便是有選擇的參加一些社團，用讀書、運動、或文藝活動，發揮過勝的精力，儘量維持純潔的友誼。

進入大學，應當有較多的能力可以調適戀愛與生活的關係，也有較多的理性，辨識對方的條件。在大學談戀愛未必皆能導致美滿的婚姻，但也有許多例子顯示大學時期的戀愛可以提供彼此之間更深刻的瞭解，更堅厚的婚姻生活的基礎。

（**後記**）民國五十四年三月，胡有瑞女士主持教育電視時人訪問節目，曾提出有關青年的幾個現實問題和作者討論。本文爲訪問的紀錄。

勇往直前

——談青年自覺運動的方向

青年自覺運動推行到今天，已屆三年。我們不要藉古人所說：「三年有成」這句話而沾沾自喜。我們毋寧就三年之中常常聽到的一些疑問，虛心的加以檢討，以策勵將來。

我覺得有四個問題值得討論。就中國青年自覺運動而言，我們的目標正確嗎？我們的動機純正嗎？我們的方式合適嗎？我們這樣做有用嗎？

我的看法是這樣的：

第一、我們的目標絕對正確。在去年八月廿八日，我對貴會講演時曾經說過：自覺運動的目標，最主要的顯然在向民族的劣根性宣戰，尤其要剷除自私自利的心理，而培養公共的道德。盡人皆知，自私確爲我國社會第一號公敵。記得去年我在三民主義研究會上曾說我國民族的劣根性除了自私之外，還有虛僞、和馬虎。也許還有其他。但無論如何，自私爲一切社會病態的根源。

今日的社會是高度組織的社會。今日的時代也是講求社會責任的時代。倘不能根除自私之心，則社會關係必然混亂，民族將逐漸解體，國家的生存可慮。

第二、我們的動機絕對純正。有人認爲自覺運動的興起是由於外國人對我們的批評，而非眞正出自自覺的動機。這是不公平的說法。任何人的知覺都是由內在或外在的刺激而產生的。譬如張先生和李先生是好朋友，我們由於想到張先生便聯想到李先生，不能說這不是自覺。總之，一切思想出自於內心的醒悟，而非盲從盲動，或是被動，皆可視爲自覺。這種自覺的力量是莫禦的，也是極其寶貴的。尤其今日的教育制度，已不能發揮多少啓發的功能。青年能產生自覺，敢稱難能可貴。

在我們的自覺運動中，有自私的動機嗎？絕對的沒有。如果有的話，我們就不必以剷除私心爲目標了。在我們的自覺運動中還有其他隱藏的動機嗎？絕對的沒有。因爲自覺運動並無名利可圖。甚至於我敢說這是一種理性的自覺，而非情感的衝動。

第三、我們的方式絕對合適。自覺覺人就是教育。教育原不是什麼神聖不可侵犯的字眼，把自己的光和熱發射出去就是教育。甚至擇善固執就是教育。我們不必有多麼龐大的組織，我們也不必籌集雄厚的基金，我們最大的本錢，就是要自己健全。我們不要覺得自己人微言輕，也不必關心他人的嘻笑怒罵，只要認定目標，抱着「雖千萬人吾往矣」的精神，不斷向前走，必然有收穫。

或以爲大家都是青年，如何能掀起社會上普遍的運動向幾千年以來的社會病態作戰。孰不知「事在人爲」。一個社會必須以青年爲其主要的動力，這個社會才能有革命性的進步。孔子說過：「後生可畏，焉知來者之不如今也。」我們不都是來者嗎，豈能自慚形穢！

第四、我們的影響必然深遠。教育是個緩慢的過程，不可能立竿見影。但教育也是最踏實的工作，種瓜得瓜，種豆得豆。古人說：「功不唐捐」。只要今日實實在在的做了，不怕將來不能產生良好的結果。不過，教育需要持續的努力。所謂繼繼繩繩，努力不息，影響卽使不能見於今日，也必見於將來。

歸納以上四點來看，我認爲貴會所爲是基於理性，透過服務的社會道德教育運動。可能有人覺得做得不夠，可能有人覺得做得太多，這都是主觀的愛憎。就客觀環境而言，貴會亦只能做到今日的地步。我們已盡到自己應盡的力量。

接下來，我們要對未來的遠景作一番展望。過去的已成過去，我們不必回顧。以後應該如何呢？我的建議很簡單，只有四個字，那就是「勇往直前」。與人相處，我們可以隨和謙遜，但要完成一件大事，必須勇往直前。

老實說，類如此種社會道德的教育運動，中外歷史上不少前例。其時間或長或短，不能永遠存在。因爲一個時期有一個時期的社會環境。甚至於一個時期也有一個時期的需要。我所說的「努力不息」、「勇往直前」，主要是針對着中國人做事所謂「五分鐘熱度」的缺點而言，並不是說要把這種青年自覺運動變成千秋不朽的事業。只要是一件值得做的事，你就盡力做去，精益求精，直到事情做好或自己不能繼續做的時候爲止。

旣稱「勇往」和「直前」，我們便要考慮一下應該如何努力才能針對正確的目標，以全力向前邁進，就這方面而言，我也願提出幾點淺見。

第一、培養理性的精神：前面說過，我們不是盲動的，也不是盲從的。我們旣然是道德的自覺，必然要充份發揮理性的力量。愼思明辨是一個理性的過程。但對任何一件事明其是非辨其利害豈是容易？因爲天下之事凡有弊者必有利，有利者也有弊。如何去執兩用中，這就需要理性的力量。以剷除自私自利的心理爲例，我們便不能說一切爲自己打算的事都是自私自利，這就需要比較和權衡。總之我們不要站在自己的立場上輕易否定一切。輕易否定一切便是在富有之前，先淪爲貧窮。

第二、力求以身作則：一種運動不能徒託空言。尤其是道德的運動，毋寧就是道德的實踐。教育的眞諦便是己立立人，己達達人。在社會道德的教育運動中，自己的一言一行就是活的課本。倘無行動支持，任何運動都是空洞的文章。文章感人，還要言之有物；一種社會運動，更要實踐力行。尤其是「私」和「僞」，旣爲民族性的大敵，我們更要在擧手投足之間去私去僞。

第三、擴大服務的觀念：從事自覺運動，本身就是自我的教育，也就是說要在身體力行之中創造人生更美好更高超的境界。我認爲一個人如果能做到如 國父所說的「人生以服務爲目的」，那是多麼美好高超之事。一個人智慧、能力、機遇與其他人皆不相同，其所能作的服務也有大小輕重之別，但基本的意義是相同的，並無軒輊之分。我認爲自覺運動正是向「人生以服務爲目的」前進的捷徑。果能在不斷的努力中，養成一種摩頂放踵的精神，爲人所不能爲之事，也必能成別人所不能成之事。這就是立大志做大事的基本精神。古今多少大政治家、大宗教家、大教育家，那一個不是憑藉着這種犧牲服務的精神，而成就了非常之事。

第四、邁向政治的目標：人類社會不是純道德的結合，毋寧是基於利用而產生的。因此，徒然是道德僅能提供一種善惡的標準，處世的態度，和行爲的準則。如欲創造理想的社會，仍須透過政治。但政治的基礎仍然是道德，這就是我國誠正修齊治平的道理所在。既然在自覺運動中，我們成就了道德，總要在這個基礎上向政治的途徑邁進；使自己的道德力量，透過政治而與國家的需要相結合。這自然不是青年自覺運動的急切目標。但我們皆瞭解今日的青年就是明天國家的主人。自覺運動可能歷時三年五載而不存，但其精神必須透過政治而發揚光大！

（後記）這是民國五十四年十一月十四日對中國青年自覺運動推行三週年大會的講演。青年自覺運動現已不存，推行自覺運動之健者今則天各一方，但青年自覺運動之影響，希仍繼續滋長。

老的歲月•年輕的夢

在天津大寺廟小學唸到五年級時，唱過一首歌。原有歌詞是：「今日裏，別故鄉；橫渡這，太平洋。肩膀上責任重，手掌裏事業長。我熱血如潮漲，我心地比朝陽。要衝破萬里浪，謀幸福爲國光。汽笛高唱前進，國旗隨風飄揚。回頭視我中華，萬歲無疆。」

我非常喜歡這首歌，喜歡它的調子和歌詞裏所包含的意境。小學畢業考音樂課時，我就唱這首歌；由於感情充沛，還得了高的分數。但當時不知道是誰寫的曲子。直到抗戰期間，黃金鴻兄告訴我：這是義大利歌劇「弄臣」裏面一支插曲，才知道它的來歷。不過，最使我激動的，還是這首歌的歌詞。幾十年來，就像刻在腦筋裏一樣，非但忘不掉，而且隨着無情歲月的沖擊，紋路越來越深。

一遍一遍加深印象的，還有許多小的故事。

在大學唸書時，業師馬星野先生曾在一個場合上講到他二十多歲年紀自美學成歸國，曾滿懷壯志，想回來實現。我聽了這個故事不禁驀然心驚，彷彿依稀有過這種經驗。後來才想起那是在小學裏唱過這首歌的緣故。

民國四十三年三月八日，我眞的踏上渝勝輪在薄霧中揮別妻女駛向太平洋的彼岸。這首歌詞不禁又在我心裏鏗鏗鏘鏘響起來。臺灣的海岸只剩下一條線，面前是萬頃汪洋，站在甲板上的我是那樣渺小，但心裏却激動得像一盆火在燃燒。我含着淚把這首歌寫在一本新的日記本上，作爲人生旅途一個新階段的紀念。

在美國渡過三個整年零六個月。許多難忘的日子裏，三個新年的印象永遠清新。

第一個新年在密蘇里大學宿舍裏渡過。那是十幾個美國的工讀學生合租的一棟房子。聖誕節一到，他們都回家了。我要趕論文不能隨他們去作客，便邀了一位姓甘的中國同學合住，但各據一室。除夕之夜，偌大一棟房子，闃無人聲。關上枱燈，從玻璃窗裏望出去，原是一片銀色世界。只有對面人家大門上掛着的聖誕花圈，鑲着小電燈，在一閃閃的眨眼。我坐下來，心裏如萬馬奔騰。已經置身太平洋的彼岸了，明天又是一個新年，我的夢要把我帶向何方？又深覺得茫茫然！

第二個新年，我來到風城芝加哥。暫租南城唐姓友人家一間房子。除夕之夜，我從城裏回住處較遲。這一夜怎能坦然入睡？我先是伏在桌上寫家信，遙寄滿懷思念，因爲他們三個人在國內沒有經常生活費，靠我寫稿的稿費維生，情形很是拮据。才寫完這封密密厤厤的家書。窗子外面嘩啦嘩啦，像被一陣砂石所敲打。走近窗子朝外看，地上已是一片銀白，而大風夾着雪粒，排山倒海似的㨃下來。

頓時，我又楞住了。跌坐在椅上回憶民國三十六年在北平度過的一個元旦。亦是大雪紛飛。我和幾個新聞界同業騎着脚踏車從中南海懷仁堂出來，繞過冰湖中囚禁過年輕有爲光緒皇帝的瀛台，到西直門去。迎面撲來巴掌大的雪片，我咽下了不少。在劉先生家裏吃着劉太太臨時做成的熱騰騰的麵湯，談論華北的局勢，每人心裏皆不是滋味。

往事已非，但故鄉的風光人物永遠縈懷。我從幻境中醒來，記下這段回憶，要寄給中央日報發表，題名：「叫我如何不想它」。寫完之後，我和鄉思、幽情、壯志，相偕入夢。

第三個新年，我搬到紐約。由於歸國期近，我必須面對現實。我要做些什麼？我應該怎樣做？我能不能這樣做？能不能讓我這樣做？這一連串的問題經常在腦中廻旋。我也時常躲在房裏把初踏上「渝勝輪」那一篇日記翻出來看，想尋找從那時開始三年後的我正站在何處，應該奔往何處？

也有十幾位談得來的朋友，常常在一塊聊天、爭辯、吵翻了再好，好不久又吵翻了。每次見面，總是冲咖啡精代茶，會抽煙的人，香煙不斷。有時候談到深夜，有時候直到東方之旣白。

除夕，我們擠在時報廣場的人叢中等着新年的第一秒鐘。然後，我們歡呼、跳躍。然後，我們回家，又擠在一間屋內享受着濃郁的新年氣氛，談論着如何把今年的每一日變成一個工作天。當大家談得興高采烈時，我總覺得沈重。眼看就要結束了在太平洋彼岸的日子，我如何實踐小學畢業時在風琴旁邊唱出來的諾言呢？

眞的，又在橫渡太平洋了。眞的是「汽笛高唱前進，國旗隨風飄揚」，回頭望望客居三年多的彼邦，再向前望我中華。我彷彿又回到小學畢業前夕的琴邊，我興奮而迷惘。

回國已經八年。一年一年的除夕，一年一年的元旦，沒有留給我多少印象。我甚至怕看到案頭日曆讃下那薄薄的幾張。唯一可以安慰的，每到聖誕前後，從海外寄來許多最精美的賀年片，都是經過年輕孩子們親手挑選購買的。從賀年片上的五顏六色可以反映出在他們的腦筋裏正充滿着燦爛的希望。這些年輕孩子們在橫渡太平洋以前都曾和我以「樂觀、忍耐、奮鬪」三句話相許。只希望廿五年前在風琴旁邊唱出來那個夢，在他們身上眞正的實現。

（後記）本文刋於民國五十五年一月八日第九三四期「新聞天地」。當時的心境是眼看歲月磋跎，壯志漸老，不禁心驚，乃藉文自勉。稍後收到中央日報駐日特派員老友黃天才先生來函，表示同感。想見初入中年的人，心境是共同的。與天才兄已多年未通消息，人生之參商也。

附錄　黃天才先生來函

××××：

今午收到一本似已郵誤甚久的「新聞天地」，拜讀了大作「老的歲月，年輕的夢」，引起弟滿懷感觸。近年身居海外，能看到的中文刊物不多，受好文章感染的機會更少。我兄大文，道出了一般初屆中年者的惆悵，傷感與迷惘。弟於年前秋間四十初度之日，寫日記時，滿腹就是這份「老的歲月，年輕的夢」的感想。却自恨筆拙，怎樣也寫不出來。刻已將大作剪存，貼在弟四十初度當天的日記頁上……

弟 黃天才再拜 一九六六年二月十九日

二十五年前的寶貴一課

「我們火聲歌手，掀開烽火堆，與祖國黎明相映輝，你看，你聽，火聲雄，火光威，我們永遠維此雄威。」——

這段宏亮的歌聲，激昂的歌詞，是二十五年前王洪鈞在高中二年級時所組的「火聲歌詠團」的團歌，亦正是那個時代所有青年們的心聲。

現年四十五歲，政大新聞系主任王洪鈞就是一個在那時國家空前憂患日子中所磨練出來的堅強人物。他特別珍惜，懷念那些艱苦、奮鬪、熱血、愛國所織成的日子。他說：「民國三十年抗日戰爭進入最低潮和最艱困的階段，面臨着的是我民族存亡續絕的關頭；這些活生生的民族精神教訓，給我們那些青年上了最寶貴的一課」。

「那時我唸的是公費的國立四川中學，物質生活極苦，吃的飯難以見油，猪油拌飯被視爲珍品，穿的是草鞋，汗衫短褲亦都是自己縫製的，住的是寺廟，經常又要逃警報……。但情緒的緊張，興奮，愛與憎的顯明，使我們不以爲苦。」

那些十八、九歲的大孩子們，都有很高的理想，很多的幻想，幾乎都參加了「救亡工作」，對政治亦都有着濃厚的興趣，並且多半喜愛文藝活動，如小說、壁報、話劇和救亡歌曲……「火聲歌詠團」就是他們當時的產物之一。

雄心萬丈，有做一番大事壯志的王洪鈞在那時就已把他一生的計劃都確定了，並自己做一年表，多少歲？做什麼事？其中五十歲以前幹新聞，以後十年則從事政治，但事實上多未能如其心意。

談着多彩多姿的往事，王洪鈞顯得無比興奮，眸子中更散發出光采和熱力。他說：「高中畢業時，我曾一度感到矛盾，究竟應該在黨內救國？抑或在黨外救國？最後終於下定決心走今天所走的路。因此就考入中央政校唸新聞系——償了我二年前心中嚮往的宿願」。

在師資、設備簡陋、但瀰漫熱情的政校裏第一年，王洪鈞就看完了許多世界文學名著，同時他的寫作與投稿生涯亦邁入佳境，他的名字常常出現於報端。

他回憶說，在校期間，「專題演講」是他們最歡迎的一門課，尤以能擔任紀錄爲榮。王洪鈞還記得有一次自己參加演講的題目：「到西北去」，而這開發西北之夢，至到七年後方才實現，那時他是以中央日報記者身份參加中央研究院所組成的十二人探測團，到青海境內探測可能爲世界最高峯的積石山。

這位有着先天下之憂而憂胸懷，而爲前任教育部高等教育司長的王洪鈞爲過往雲煙下一結語：「接受了大時代的教育，心胸開濶，自然形成了強烈的國家民族觀念。每個青年都充滿了眞摯的感情，重視自己的意志與前途，把自己看做國家很重要的一份子。可以說我們的青年生命是和中華民族一頁悲壯的史詩結合在一起。儘管我的生命，在當時僅是大風浪中的一個小星子，但我屬於整體，沒有逃避，沒有分離，而且積極。」

拾夢之餘，王洪鈞更以誠懇的語氣說：「未來前途無論是光明的或是黑暗，我們必須面對！而無法逃避。國際局勢可恃亦不可恃，國家前途可爲亦不可爲，最重要在我們青年的一念之間。」

這些，想來正是目前多少感到苦悶、迷惘、失落的青年們最好的指針。

（後記）民國五十五年一月廿八日出版之「文化一週」，以「回憶我的黃金年華」爲題，訪問了程天放先生、謝冰瑩教授、錢復先生和筆者。雖是一篇短短的訪問記，但記者李廣淮先生寫來十分傳神，也頗能道出筆者當時的感懷。

有所不為

（前記）五十多位大專學生，大多是中國青年學術研究會的會員，曾在民國五十五年三月九日（星期六）舉行了一次座談會，主題爲「我們青年應怎樣改良社會風氣」。座談會主席爲國立政治大學公共行政系四年級同學章秀菊女士。出席者尙有龍名登教授、高銘輝教授、和李鍾桂教授。

青年戰士報在三月廿日該報第四版上刋出出席者發言要點。筆者發言時強調一個人從自身做起便是改革社會風氣的起點，尤其是上層社會更應以身作則影響他人。（青年戰士報刋載要點附後）。

此後，曾接獲讀者來信表示意見。其中最感人的便是農專畢業的趙東江先生的迭次來函。他指出了當前社會上許多不良的風氣以及國民知識水準低落的情形，並率直指責輿論事業和教育事業的失敗。

趙東江先生函稱：「…我們的輿論發生不了作用，產生不了力量了。當一個社會一個國家輿論的力量不能制裁罪惡的侵襲（和）醜陋的蔓延時，這是一個無可救藥的悲哀。…這些問題的所以形成，依我看來乃是由於教育的無效和失策。教育的目的就是教人知道想的方法，教人去想。如今大家都不會想，這就是因爲教育的失敗。……」

民智高低與社會風氣關係密切。倘輿論力量微弱，教育效果不彰，何能奢望民智之提高，社會風氣之健全？

事隔十年，今日回顧，能無感觸？

王洪鈞教授接着表示：他是喜歡和青年學生在一起的人，因此他對於青年人內心的事，知道得頗爲清楚。他說：用人來約束人總是被動的，沒有用風氣來感召一個人來得有效，所以，如何使社會風氣變好，這是一件非常重要的事情。

王教授分析說：社會風氣的形成，是由於共同的社會行爲，因爲人都有模仿性，尤其是模仿那些比自己有錢、有地位和有名氣的人，這是由於人的欲望是永遠不能滿足的關係。一個人常常會自問：爲什麼他比我有辦法呢？於是他也會有意無意的去做那個比他「有辦法」的人所做的事情，企圖也能達到和那個人一樣「有辦法」。

其次，是由於一種「不安全」心理的作祟。王教授認為一個人之所以會天天愛看報，這就是「不安全」表現的一部份，因為他總希望在報紙上找一些和自己有利的新聞。

王洪鈞很鄭重的說，上層社會人士的言行，也是造成社會風氣好或壞的重要影響之一，因為這些人的名字由於「耳熟能詳」，所以很容易收到「潛移默化」的作用。

青年人應該如何改良社會風氣呢？王教授說，他認為一個青年只要能從自身做起，就是改良社會風氣最好的方法。有些人以為大家都紙醉金迷，我一個人好又能起什麼作用呢？王教授以為這種懷疑是不必要的。王教授舉了一個例子說：在一羣穿着奇裝異服的人羣中，假如忽然出現了一個服裝整齊的人，一樣會受到注意，造成影響作用。全班人都不讀書，而你埋頭用功，就必定會影響那些不用功的學生。

王教授希望青年人要「立大志」，他說，只要你立定了大志，就絕不會被社會的壞風氣所影響。

王洪鈞說他自己有「五不做」；不烟、不酒、不賭、不嫖、不舞。雖然也曾有人譏他是「五不會」，但他却並不生氣，因為這是他不會被左右的一種自以為的好習慣。

（原載民國五十五年三月廿日青年戰士報）

國家未來繫乎青年的一念

（一）

去年，我曾接連着發表「當代社會中青年自處之道」、「青年、我們的繼承人」，以及「這一代青年的責任」諸文，引起很多人的注意。曾有人問我：「你愛談青年問題，到底什麼叫『青年』？」

什麼叫做「青年」？這眞是個很難答覆的問題。從意義的角度來看，「青年」可能包含生理年齡和心理狀態兩種。

在生理方面，一般說來，二十五歲以前，總可以稱爲青年；世界性的青少年活動，便多以此爲標準。若必欲把青年階段以任何理由加以延長，最多應不超過三十歲。不然的話，總有點違反自然。

三十歲以上到五十歲，該稱作中年。甚至有人把青年的尾聲和中年的序幕連在一起，視爲壯年。五十歲以後，縱然具有松柏之姿，隆多轉茂，在年齡上總已逐漸進入老年的階段。

這樣的劃分未必十分合理。譬如五十歲和五十一歲，只有一歲之差，便從中年邁入老年，似乎過於無情。但遲到那一年總得有個劃分，所以三十歲以前是青年，五十歲以後是老年，大體上應該說得過去。

由心理狀態認識青年，我們可以引用心理學家的說法。他們把較早的青年階段稱爲青年期，較後的稱爲年輕成人期，都被視爲人格生長的重要時期。

青年期以前，人格行爲多半在父母的影響之下。年輕成人期以後，自己的人格便已經成熟。人在青年階段容易多愁善感；但青年時期也是一個人在思想感情各方面錯綜複雜，多采多姿的時期。

據我個人對青年的瞭解，青年期的行爲特徵，大抵可歸納爲下列幾方面：

青年人最純潔。他們就像初沾雨露的嫩芽，縱然周圍盡是汚泥，本身還是一片淸新。純潔的本質使青年富於自尊心、同情心和正義感。

青年人最勇敢，富於冒險精神和浪漫精神。他們生機盎然勇往直前；那怕巨石壓頂，也不畏懼退縮。

青年人不穩定。他們的情緒不穩，容易興奮，也容易沮喪。正如夏日氣候，一會兒雷雨大作，一會兒晴空萬里。易變的特質使青年人每每幻想太多而不切實際。

青年人具有改革創造的精神。他們絕對不以現實爲滿足，喜歡標新立異，樂予除舊佈新，有創意而不願墨守成規。

當然，青年的特徵還有許多，但大體而言，不外以上幾點。雖是幾點，已和中年人和老年人大不相同了。中年人多半徘徊瞻顧患得患失，老年人又容易暮氣沉沉，老大而固執。

所以，青年人就是青年人，中年人就是中年人，老年人就是老年人。若中年人或老年人自稱爲青年，作爲某種程度的象徵則可，事實上從那一方面講皆不宜強合。正好像說，「我有獅子般的力氣」，其實不然；因我絕非獅子，更無獅子般的膂力。

心理學家在研究影響個人行爲的因素時，曾把遺傳和環境並舉論列。可見，縱然我們能舉出青年的一般特徵，但每一代青年的社會背景不同，仍然會有人格和性格上的差異。

（二）

今日這一代的青年如何呢？

從本質上說，今日的青年人和以往任何時期，或世界任何地方的青年應該沒有兩樣，也不應該有兩樣。雖然沒有相同的生活環境，其本質仍然相同。

但，有誰能否認在臺灣成長的這一代青年，儘管豐衣足食，心智上却非常迷惘。奮進者固然有之，掙扎者有之，逃避者亦復不少。

我這裏歸納了一些這一代青年比較顯著的缺點，僅能做爲參考。因爲諸位皆是青年，其能瞭解青年人的深刻，一定勝過我膚淺的觀察。

這一代青年有些什麼傾向？

第一、缺乏遠大的理想和責任心。就國家民族的需要而然，這一代青年應該具有爲天地立心，爲生民立命，爲往聖繼絕學、爲萬世開太平的抱負。這樣才能以悲天憫人的胸懷，成其驚天動地的偉業。

但因爲這一代青年是在當前的現實環境中成長的，對自己的責任往往不能有正確的體認；所以，他們只想逃避。讀書時祇看要考的幾頁，作學問也祇在範圍之內思索。個人得失第一，團體榮譽不惜。一進大學，先忙家敎，未曾畢業，又忙出國。

第二、這一代青年有些趨向存在主義的色彩，但又未必得其眞髓，因而產生消極與頹廢的現象。他們一方面想要擺脫傳統的負擔，却又缺少一種新的價值標準和生活型態作爲依據。因此進退失據，喜怒無常。

第三、這一代青年還可能有一種病態，就是投機取巧，好逸惡勞；也可以說是自私心的延長。不過這種自私心的膨脹是置於蔑視法律和道德的基礎上。他們並非不知道怎樣做是好，怎樣做是對；但更相信，那樣做了，雖然是好是對，自己却會吃虧。因此，對於投機取巧之事便產生一種不做白不做的心理，凡事能抄近路便抄近路，好像守法和道德皆與求學和作人無關。

第四、最可憂慮的是，這一代的青年愛團體的精神較差。尤其對國家民族的意識好像受了抑壓，沒有機會作有效的表達，甚至將國家的生存與自己的生存之間也拉長了距離。近百年來的中國青年曾有許多奉獻自己而爲國家爲人羣的表現。今後更是掌握了國家民族生存的命脈。若不能養成堅強的團體意識，國家民族命運何堪！

（三）

我一向認爲，不去分析青年所處的環境，光是指摘他們的過錯，那是不公平的。現在，讓我們一同檢討造成這一代青年心理的原因。

先看看我們的教育制度。總統在民生主義育樂兩篇補述中，曾坦白的指陳今日教育的缺點爲形式主義，孤立主義與升學主義。總統對教育的訓示，眞是一針見血之言。

在升學主義影響之下，學校成爲升學的窄門。學生進入學校後就要閉着眼向前衝，一口氣衝到留學才算大功告成。至於學生的體能如何，心智如何，品行如何，理想如何皆被視爲次要之事。因此，升學率便被辦學者視爲最重要的評定辦學成績的標準。

根據我國戡亂建國教育實施綱要，明定「教育爲立國之本，應視時代及環境之需要，縝密計劃，逐步推進。」教育雖不限於學校，但學校是教育的基本途徑，也是達成教育目的最重要的途徑。學校的主要功能在於變化氣質，完成青年的健全人格，造就國家的優良人才。學校教育乃智，德，體，羣缺一不可。

希臘時代的學校已是讀書、唱遊和體操並重。我國教育的傳統更以「禮、樂、射、御、書、數」六藝爲內容。假若辦學的人浸染了功利的觀念，對學生缺少愛心，缺少春風化雨和循循善誘的胸懷，學校又焉能盡「集天下英才而教育之」的偉大功能。

還有家庭環境，也是容易造成今日青年消極、逃避的一大原因。我們正處在農業社會逐漸進步到工業社會，青黃不接的時期。大人們整日爲生活奔波忙碌，使青年得不到應有的照料與愛護。青年們受到挫折，回家以後得不到適當的疏導與安慰，便會產生對環境敵視與恐懼的心理，甚至消極與悲觀的情緒。

再談社會環境對青年造成的影響。大衆傳播絕對未能善盡教育社會的責任。充滿暴力、色情、畸戀和憤世的傳播內容不獨使青年受到不良影響，且導致社會風氣的敗壞。社會上太缺少好的模範和示範的作用，每日充目盈耳多是兇殺、拐騙、欺詐、僞造、貪汚、奢侈……使青年們在眞實的生活中無所逃避其腐爛的氣味，終對道德法律的眞實性，感到懷疑。

無可否認的，戰時的緊張與前途的不易捉摸也導使青年苦悶。其意志力薄弱者，便難免變得痲痺和逃避現實。這幾年來，國際局勢陰晦不明，雖然大陸上時時燃起抗暴之火，但大舉反攻尚待更好機會；於是一些缺少定力的人便漸漸由期待而感到焦急，由焦急到失望，由失望到消極。

臺灣居於亞熱帶。甚至炙熱多變而沉悶的氣候也可能影響青年人的性格與情緒。

以上，我只學其犖犖大者，說明我所瞭解的當代青年的若干特徵。他們需要被承認，他們需要同情，需要表現，更需要發展。據說李鄴侯少時曾做過一首問天的短歌說：「天覆吾，地載吾，天地生吾有意無？」這一問眞能描寫出一般青年常有的急燥心理。

（四）

一個人在現實中長成，要去改造這個現實，自然是萬分困難。但，這個困難終已落在我們這一代青年的頭上了。我們無法逃避，因爲退一步就是死所；我們也不能超越，因爲美好的將來不能從天而降。國家的存亡，民族的斷續，文化的盛衰，都繫於青年一念之間。因此，這一代的青年應立下大志，積極的擔負起開創新契機的重責大任。

心之所向謂之「志」。孔子說：「吾十有五而志於學，三十而立，四十而不惑，五十而知天命，六十而耳順，七十而從心所欲不踰矩。」志向立得堅定，便可「安」如聖人，日月之間，本心瑩然，隨所意欲，莫非至理。這種不疑不懼的篤定功夫，甚至使孔子「發憤忘食，樂以忘憂，不知老之將至」。

什麼樣的志向才叫「大志」呢？我最喜歡用孟子的思想來描述他認爲彼時的知識分子，既無公卿之高位以行其道於天下，又缺少工商之專業可溷其跡於市井；其用與捨俱操之於人，惟志與氣可養之由己。因此就立下了希賢希聖的高尙節志，而要「居仁由義」；不肯「行一不義，殺一不辜，而得天下」。

因此，所謂大志乃士人之心，乃不忍人之心。以仁民愛物，民胞物與的胸懷，實踐修齊治平之業；直與天地萬物上下同流，而各得其所。孔子引「德之不修，學之不講，聞義不能從，不善不能改」爲憂，此亦足資青年立志的借鏡。小人恒立志，君子立恒志，要不斷的進德修業遷善改過，才能持其志而不暴其氣。

立下大志之後，便可把生死置之度外，一貫其志。立志之後，自然也會產生「富貴不能淫，貧賤不能移，威武不能屈」的操守。生命足惜，也不足惜，重要在死得其時，死得其所。孔子曰：「志士仁人，無求生以害人，有殺身以成仁。」，文天祥也有「孔曰成仁，孟曰取義」之說，都是告訴我們士各有志的重要。如生而至於害仁，則不必求生，死而可以成仁，則寧可殺身。我們言犧牲，每想到戰場。今日青年未必皆有機會死於沙場，但不怕犧牲的精神則可在不同的戰場上，創造大的成就。

（五）

二十世紀的今天是個科技發達，知識爆炸的時代。科學研究早已成爲國家轉弱爲強的唯一途徑。自從俄國發射第一顆人造衞星後，西方國家的觀念，更認科學爲自由世界與共產國家勢力的制衡點。因爲科學的重要，不止在其領導技術，更在其對人類最終的問題有最大的發言權。

哲學家康德曾說「科學乃先見，先見卽權力」。怎樣才能善盡科學之功，而不濫用權力，是理工學院的學生尤當深思的問題。

一般而言，理工學院的學生較研究社會科學的人來得幸福。因爲自然科學研究物的道理，比社會科學容易受到控制。但自然科學亦需與其它學科相輔爲用，才能發揮功效。

由此，我要和諸位談到理工學院的學生應如何立志。我認爲各位應該立志做一個革命的科學家。什麼樣的科學家才是革命的科學家呢？乃以「仁」爲其志，顚沛必如是，造次必如是。革命的科學家以大則轉爲發明原子能的智慧造福人類，小也可在其本位上，貢獻其才智，增進社會的福祉。

這是一個瞬息萬變的大時代，科學進步一日千里，而共產主義猖獗流行。但我們堅信暴政必亡，仁者必興，則科學終能爲仁者所用。培根說「知識卽力量」；這句話在科技上的徵驗尤爲明顯。中國雖在兩三千年以前便有了應用科學的發明，但因後人不瞭解科學的重要，以致今日我國的科學竟如此落後，甚至影響了民族的自尊心，使國人幾十年抬不起頭來。

惟有在科技上迎頭趕上，中國才能富強，也唯有富強的中國才能領導亞洲，維護世界和平。這一代的青年身肩重任，必可爲歷史寫下新的一頁。

（民國五十五年三月廿八日，在中正理工學院紀念週講演辭）

社會投資教育的途徑

一、教育是長期投資

教育是長期的投資，對國家而言，和社會而言固然如此，個人亦是一樣。政府和社會投資的目的，是想藉教育而培養最有用的人力資源，使任何一個人變成一個最有工作能力的人，以增進全國國民甚至全世界人類的福祉。個人接受教育，養成工作的技能，以實現其人生的理想。一個有用的人所創造的價值必定超過接受教育階段的投資；因此，人類的文明程度可以不斷提高。

我國政府對教育的投資，可從憲法第一六四條獲得證明。該條規定：「教育、科學、文化之經費，在中央不得少於其預算總額百分之十五，在省不得少於其預算總額百分之二十五，在市縣不得少於其預算總額百分之三十五。」事實上，依目前情形而論，除中央部份尙未達憲法規定標準外，省及縣市教育經費早於五年前卽已遠超過規定。中央部份，若連同軍事學校之預算一併計算，也有一個相當高的比例。

可是隨着人口的增加和教育設施的加強，教育經費仍須繼續增加。單從人口增加的需要去看，若依五十學年度各級學校學生人數與相當年齡人口數之比例推算，民國六十一年全省學生人數將達三百五十萬，教育經費必須增至一百二十億元，方能維持目前的水準。但從現在開始至民國六十一年，我國教育措施必然要有若干重大措施，譬如國校畢業生志願就學方案的實施，乃至延長義務教育年限的籌劃，則教育經費豈能以一百二十億元爲限。因此，本省現已開始實施附征教育捐。但教育捐的措施即使可以全部實現，於教育上漸增的需要而言，終屬杯水車薪。

面對這個嚴重問題，政府該怎麼辦呢？實際上，這不是個靠政府的力量可以解決的問題，而是用全社會的力量共同解決的問題。國父遺教中老早指出教育是全國國民共同的事業。除政府外，必須以社會的力量共同負擔與辦教育的費用。其可行的途徑，無非兩途，一爲私人捐資與學，一是提高學費。

二、學生要負擔教育費用

學生繳費上學，在中外歷史上都是淵源有自的制度。衡諸上述的趨勢，學生繳費的數字必然會慢慢提高，而不會減少。唯一例外者，爲國民義務教育。

目前我國依憲法一六條規定，凡六歲至十二歲的學齡兒童，一律接受基本教育，免繳學費，其貧苦者，由政府供給書籍；已逾學齡未受基本教育的國民一律受補習教育，免納學費，其書籍亦由政府供給。憲法這一條的規定，政府實行得已相當澈底，甚至國校學生一律免費供給書籍，已經超過憲法所規定的優惠。

中學及大學當然不在義務教育範圍之內。尤其是大專敎育更具有選擇性，並非每個國民皆應大學畢業。因此，中學及大學的學生必須繳費。但其中公立學校和私立學校又有很大的差別。公立學校有政府經費之補助，私立學校除私人捐助外則全靠收費。

目前公立中學及專科以上學校收費標準不高，私立學校，除有特殊經費來源者外，比較說來遠較公立學校爲高。其最大原因爲社會上眞正捐資興學者太少，雖然政府一再提倡，但反應並不熱烈，這與歐美社會熱心教育的情形相比，實在相差太多。另方面，赤手興學者則大有人在。赤手興學而能成功，並非奇蹟，說明白了，還是節省學生所繳的費用以充建校之用。尤其是醫科學校，由於需要的設備較多，由於醫生的收入高，由於一般家庭願意幫助讀醫科的子弟，常比其他學校更能籌到充裕的經費。

雖說各校繳費情形不一，而繳費的需要又永遠存在，但一般青年仍然視繳費爲沉重負擔者，實因學生本身缺少賺錢的能力，而家庭每因子弟過多，收入有限，不能承擔偌大的學費負擔。類此情形，倘今後沒有改變，則學生自己要擔負起一部份教育費用，已成爲必然的趨勢。

三、假期工作應有教育意義

學生如何分擔自己教育的費用，大致說來有下列幾種途徑：①獎學金，②免費優待，③家教，④工讀，⑤假期工作。事實上，非獨在中國如此，富庶如美國的社會，美國的學校和美國的家庭，其青年子弟也是透過上述途徑，擔負了一部份求學的費用。

獎學金和免費優待，主要憑學業成績，另當別論。家教、工讀和假期工作，則要學生分出一部份讀書的時間以勞力換取收入以補家庭負擔能力之不足。

家教在目前而言是各大學生最普遍的兼差。此一現象的形成與惡性補習的風氣有密切關係，其爲功爲過當另分析。工讀生在各學校中祇能視爲一種象徵，無一學校不感粥少僧多之困難。是故，最值得提倡者，殆爲動員社會的力量在學校假期中，提供各種工作的機會，使青年們寓學習於工作，寓生產於工作。

筆者特別強調寓學習於工作這一點。因爲一般性的假期工作，對青年而言，不過是個兼差，誠然有助於減輕教育負擔，但於學生身心並無太大的幫助。必須針對學生的專長，予以有關的工作機會，更要在工作期間，予以適當的個別指導。像這樣的假期工作機會，才能使青年們得到最大的利益。這樣才算得上動員社會力量視教育爲投資，爲國家爲未來的社會產生最有建設性和最有創造性的力量。

(民國五十五年三月廿九日中央日報)

僑生教育我見

僑生教育可能是近二十年來我國教育史上一件大事，也是政府有關教育與僑務的一個重要政策。它的影響目前誠可鑑及；但更重要的影響還在將來！

僑生教育的發軔，早在大陸時期已經開始。有好幾個學校爲華僑捐款興辦，也因僑生衆多而出名。在臺灣，却由於政府的全力推行，美國的協助自然也是因素。記得在民國四十二年，當時美國的副總統尼克遜訪華之際，就曾強調舉辦僑生教育的重要，因而僑教也成爲美援的一個重要項目。不過在較早時期，僑生教育多在公立大學實施；而接受僑生的學校也樂於如此，原因是每容納一個僑生，可得到相當的經費補助。這個情形直到美援停止，才逐漸改變。

雖然美援停止了，多容納僑生對學校本身而言，沒有任何的經濟幫助，但政府仍然堅決的執行僑教政策，而各學校也多能盡力配合。這其中當然牽涉到一個大的問題，卽目前大專學校名額有限，僑生多了，國內學生升學機會就變減少。因此，每年到了開始辦理僑生保送的時候，政府教育和僑務兩方面的負責人總有些不同的意見。結果，僑生名額仍然在增加中，並無減少。就因爲僑生名額不斷增加，公立大學已不能悉數容納，近年來僑生教育已逐漸擴大到私立學校。對私立學校而言，政府並不能強制的分派僑生入學，祇能根據各學校的情況和條件，便宜處理。

以上祇是僑生教育的趨勢，事實上僑生教育的推行有許多不易克服的困難。最大的困難應是學生程度的參差不齊。目前僑生來自世界上不同地區，遠自非洲和歐美，近則在東南亞各國。每個僑居地的華文教育程度皆不相同，而國內大學，尤其是公立院校，水準較爲整齊。因此各校在對僑生施教方面便遭遇很多困難。爲適應不同的情況，各校學則不斷改變。前年曾由教育部訂了一個統一的辦法，實質上，對僑生停止了學年制，才算初步解決了這個問題。

不同僑居地的僑生也有着不同的生活習慣，但到國內學校後，必須與國內學生過着嚴格的紀律生活。大部份僑生固然能很快的適應，但仍有若干僑生一時不容易適應，而發生若干不大不小的問題。這種現象近年來已經不嚴重了。

從積極方面去看，僑生教育中較弱的一環是缺少足夠的輔導。並非說僑務機關和學校不努力。相反地，他們都已盡了最大的努力。祇是僑生太多了，太需要觀念上和生活習慣上的指導與照顧了；因此，僑生的輔導仍然覺得不夠。所謂太需要輔導，並非說僑生同學不好，而是因爲他們絕大多數是在十幾歲年紀遠離家庭，隻身在外，所以特別需要家庭式的溫暖。記得前些年，僑務委員會曾實行一種僑生個別輔導制度，由社會上熱心僑教的人士協助。這個制度是很值得推廣的。

最後談到僑生教育的目的，因爲能否達到目的，就是僑教的功效問題。僑生教育的目的，原則上還是給他們在祖國受教育的機會，一方面爲了接受祖國的文化，一方面也要學習各種知識，學問和生活上的技能，返僑居地後得以生存發展，貢獻於華僑社會。就此目的而言，到目前爲止，自不能說已收到百分之百的功效。因爲國內各大學並不能對僑生施以個別的教育計劃，使其適應未來的需要。但十餘年來，在自由祖國接受教育的僑生返回僑居地之後，仍能獲得輝煌的成就，成爲華僑社會，甚至當地社會的中堅份子。

教育本是百年大計。所謂「十年樹木，百年樹人」。如今不到兩個十年，成果已經如此，再繼續下去，功效必然倍見，爲了擴大並加速這種成效，我們的政府和社會值得多作一些努力，使僑生教育更加成功！

（原載民國五十五年三月廿九日出版政大僑生）

用堅強的年輕人

（前記）民國五十五年五月廿日　故總統蔣公連任就職之前，「時與潮」雜誌以「您希望新政府做些什麼事」爲題，分訪社會各界人士，並將訪問意見刊登民國五十五年五月十六日出版「時與潮」復刊第二一三期。

筆者在訪問中曾呼籲新的政府必須起用新的人才。所謂新的人才，並非全然指新的面孔而言，而在於新的作風。就作風而言，新的人才應該是有氣節的人，有抱負的人，有胸襟的人。黨和政府都是一樣。

十年迄今，起用新的人才一事不斷被人提起。希望拙文所提意見，對今日新的政治環境仍有若干意義。

政治大學新聞系主任王洪鈞，呼籲新政府必須起用新的人才。他說：就國民黨來說，所謂新的人才，不一定就指着黨的高級工作人員，也可以說應該把新的人才網羅入黨。他始終相信，黨的力量所在不在幹部，而在每一個黨員；不在於黨部，而在於廣大的社會。尤其中國國民黨是一個革命的政黨，黨員入黨是為了「予」，而不是「取」；是為了貢獻，而不是為了享受。因此國民黨在今天，實比過去任何的時期，比任何的組織更需要如　蔣總統所說的：「有堅強的意志、高尚的節操，和健全的精神魄力的人才。」

王洪鈞主任續指出，對黨內而言，所謂新的人才就是有氣節的人、有抱負的人、有胸襟的人。他的使命是為黨增加力量而不是減少力量。是為黨開拓歷史，而不是使黨受到損害。他以一個黨員身份，相信今後的執政黨一定會遵照　蔣總統的指示，朝着這條路上走。

他進一步分析，所謂新的人才，並非全然是新的面孔，而在於新的作風。前些日子，一位澳洲的傳教士賀美麗女士，在中國工作三十年後退休回國。她在臨別前給中國人留下幾句贈言。他說：「中華民族是一個溫、恭、儉的民族。但在三種崇高的德性裏，發生一種流弊，那就是多數人做事不負責、不勇敢，甚至敷衍塞責，這是由於大家都怕得罪人。」從這幾句話中，也可看出今日政治風氣是如何。要想改變這個風氣，起用年輕人，不失為一個正當的途徑。

解除年輕人的升學壓力

（問）關於青年升學的問題，請您談談對初中、高中、和大學考試的看法？

（答）每年七月、八月都是「烤」季，是考試的熱季。幾萬青年幾年辛苦下來，必須在兩天之內爭個高下。那裏是分高下，實在是定成敗。我們且不談考試制度，單就升學而言，對青年們實有着重大的實質意義，也有着太多的精神壓力。

今年十一個市立初中在七月二十一日發榜。八個省立高中在七月二十日發榜。而大專聯合招生則在八月十二日發榜，這三個日期對參加考試的青少年們來說，實在是人生三個重要的關口。

大致說來，第一關市中闖過去，考到好市中，那麼闖第二關省中就比較容易，而第二關省立高中能闖過去，考到好的省中，闖第三關大專也比較容易。因此考市立初中者非僅是考市中，實爲未來長期升學競爭的前奏。升學作戰「一著錯，滿盤輸」。青少年們豈能倖免這種升學的壓力！

（問）您是否覺得升學考試是必需的？

（答）升學考試當然無可避免。即使不是粥少僧多，也要測驗他們有沒有足夠的接受能力。除非是強迫教育。問題在於我們的社會背景，家庭制度，甚至政治制度已把升學考試變質爲一種生存的搏鬪，其過程十分激烈，因而戕害了青少年的身心。小學的惡補揭開了搏鬪過程的序幕。接下來，各種現象不一而足。譬如考試時家長的陪考堪稱臺灣社會的一景。放榜後考到好的學校家裏狂歡之餘，甚至燃放爆竹，好像子女從此獲得超生。聯考失敗者，家長愁容滿面，即使沒有責備子女，那種沮喪的氣氛也會逼得子女羞愧出走，甚至悲憤自殺。

徒然爲了升學會造成這種現象嗎？實在由於我們的社會把太多的士大夫觀念，傳統的「養兒防老」和「光耀門庭」的觀念，文憑主義，崇洋觀念種種，都投放在學生們的升學考試中了。所以我說，升學考試無可避免，可避免者是社會、家庭和親朋等等所加諸青少年身上的升學壓力。

（問）在這種升學競爭壓力下，你可不可以對未來的落榜青年說些安慰的話？

（答）我說不出安慰的話來。在實質上極端重要的競爭中，向得勝者道賀，是錦上添花，自然比較容易。對失敗者的安慰是極其困難的。記得立法委員兼香港時報社長許孝炎先生的公子在考試院禮堂危樓坍塌中喪命。白髮人先送黑髮人，這是人間的極痛。所以行政院副院長黃少谷先生前往慰問時，只默默的坐着相望不語，而後告辭。

未能考上的青少年朋友們雖沒有如孝炎先生喪子那樣悲痛，但失敗的滋味和實質的影響仍是嚙心的。因此與其作空泛的安慰，不如不說話。

（問）這一點，我們可以瞭解。但能不能請你對升學考試激烈的原因再加分析呢？

（答）升學競爭如此激烈，除了我剛剛談到的社會和政治背景之外，還有幾個實際上的原因：

第一、大專名額雖不斷增加，但究竟有限。

就今年大專聯招來說，報名有四七，八一四人，錄取一八、七四四人，錄取率僅有百分之三十九點二。所以大專的門還是很窄。雖然學額每年都在增加，但錄取比率無法提高，窄門依然無法拓寬。

爲什麼年輕人還要拚命地擠這窄門呢？那理由太多了。遠的且不說，就近的來看，考上者可以延緩兵役。畢業後服役時可以作預備軍官。大專畢業後才可以申請獎學金出國深造。其他社會的因素不講，單就本身眼前的利害，已足夠使年輕人趨之若狂了。

第二、公立學校升學率高，但名額仍然有限。

八所省立高中，報名二萬二千四百八十人，錄取人數，八千五百二十一人，錄取比率爲百分之三十八。十一所市立初中學校，報名人數二萬二千五百多人，錄取一萬二千四百四十一八，錄取率爲百分之五十五點七。

按道理講，六年國民教育實在嫌短，若不能延長，則只有二分之一的機會進入市中，壓力豈可謂不大。

第三、私立中學偏於商業化。私立中學在目前情形下，確已盡力吸收了希望升學的青少年，但青少年仍拚命競爭公立學校，主要由於私校的商業化。

譬如費用太高：私立中學的費用，往往超過公立學校兩、三倍，非一般中等家庭的經濟能力所能負擔。

譬如升學比率低：私立中學學生素質不整齊，影響升學錄取率。許多家長或學生不情願作這種時間和經濟上的投資與冒險。因此，程度略好的學生寧願再考一年，也不願就讀私中。

譬如學校風紀較差：私立中學的學生，不少是勤奮上進的，但由於私校的讀書風氣不好，師生之間與同學之間彼此沒有督促與激勵。甚至還有品行不端的學生，非但吸煙、賭博，甚至結幫鬪毆。而學校方面往往貪多無厭，也無法對過多的學生，施以足夠的管教，因此造成了惡性循環。雖說如此，並非私中都是如此。有若干私立中學辦得不錯，值得我們欽佩。

譬如職業教育沒有地位：士、農、工、商傳統社會地位觀念，使職業教育始終不容易建立地位。青少年們願意報考職業學校的人很少，尤其以農業職業學校多少年來都招不到學生，自然更加造成升學路上的擁擠。另方面，也造成教育上，甚至國家建設上嚴重的問題。

再如人口增加過於迅速：臺灣省人口增加很快，新生的一代在人口比例中佔得成份很高，再加上人民生活水準提高，教育觀念普及，希望升學的人數每年都在激增。但另方面，教育的成長率有限，無論如何也趕不上人口的增加率，難怪升學一年比一年困難。

（問）有何方法，可以解除年輕人的升學壓力？

（答）這是個大問題。需要教育當局和教育專家們殫思竭慮的加以研究。在有限的幾分鐘時間內，我僅能就個人平常觀察所及，提出幾點泛泛之見。

第一、根本上，應該養成青年人對民族文化、國家鄉土、和社會人羣的愛心及責任感。青年人不顧一切要擠進大學的窄門，潛在的一項心理，便是出國。前一陣有一句極流行的話，便是「來來來，來臺大，去去去，去美國。」可反映出一些年輕人的心理。

「人生以服務爲目的」。教育的意義在於幫助一個人完成其人生的目的。果能樹立服務的人生觀，使青年人相信在教育的過程中，一方面個人受社會的影響而生長或發展，一方面個人也可以貢獻於社會，使社會日漸進步，則教育的道路，甚爲廣濶，並不限於學校教育，更不限於少數明星學校。

教育尤重於發揮個人的潛能，使其適應社會環境，進而改造社會以增進人羣的福利。青年果能對國家鄉土，民族文化和社會人羣有其摯愛，有其服務的熱忱，任何學校，尤其是職業學校，皆能使其具備更有用的條件可以貢獻其才智，不一定要有最高的學歷或出國深造。這些話一定會被人覺得不切實際。但爲國家前途作百年之計，亦可以說是最實際的想法。

第二、對兵役和教育的關係必須澈底檢討。根據目前規定，考上大學，可以延緩兵役，畢業後又可服役預備軍官。而考不上大學者，到了服役年齡，就必須入伍，更無預備軍官的資格，兩者待遇如此懸殊，難怪每年有許多青年拚命投考大專。這並非說青年不愛國，實在因爲選擇有利的條件，是人情之常。因此，最好能調整此項制度，使年輕人在兵役之前有一個平等的機會與待遇。

舉例來說：能否在短期入伍訓練之後，以學校軍訓代替服役？能否縮短服兵役的期間，不需兩年？能否不因考入大專而緩召？諸如此類，自非三言兩語可竟。最低限度值得當局作一番澈底的研究。

第三、大學夜間部的制度應該完整的建立。目前的大學夜間部，只招收沒有兵役義務的學生，而在制度上也與正規大學不盡相同，爲擴大就學機會應使大學夜間部建立完整的制度，甚至不規定曾服兵役，俾青年人有較早完成大學教育的機會。此外，大學夜間部的設備、師資，應儘量與日間部大學的標準拉近。

第四、獎勵私人興學。敢說直到今天爲止，對私人興學政策，有許多人還有許多不同的觀念。本來教育就是全體國民共同的事務。政府的能力最多是延長義務教育的年限，而不能負起全面興辦學校的責任。私人興學可爲國民提供受教育的機會，原則上可以說是最神聖也最崇高的事業，不容加以懷疑或誤解。也許由於若干私人辦的學校趨向「學店」作風，才遭致教育的理想主義者對私人興學的誤解，連帶着也使優良的私立學校受到不應受到的打擊。

今後要解除青年的升學壓力，政府必定要訂出一套積極的鼓勵私人興學的辦法，將國民的愛國熱忱和社會財富導向興辦教育的途徑，尤其是科技教育和職業教育！對現有的私立學校，也要不斷加以考核，奬優伏劣，以提高其水準。

第五、改變職業教育的觀念，擴大推行職業教育。職業教育今日所受到的困擾，無論是社會上的，是制度上的，或是觀念上的，我們已經很清楚了。要談觀念的改變，必須澈底。我認為：第一，職校畢業生應受到公平的待遇，其職務，其待遇應取決於工作能力及貢獻，不受學歷之限制。第二、職業教育應不限於職業學校。凡廣播，電視臺，函授學校，補習學校，果能提供職業的才能，應視爲職業教育的一部份，而給予輔導或奬勵。第三、職業教育不是終點教育，不但與高深教育可以保持通道，甚至可以透過各機關的在職訓練或建校合作制度而實施。

這樣一來，青年們便可不急急於在升學的路上奔馳，而可以延長並擴大其接受專業教育的機會。

第六、鼓勵青少年的自我教育。升學固然是求知之路，而非唯一的途徑。就創造自我之實自我而言自我教育更爲重要。有文憑的人，並不必然有學問，有學問的人，不一定有文憑。考試與文憑，不能決定一個人的前途。最主要的是在於自己不斷地自我更新與自我教育。世界上有許多自我教育而獲得非常成功的人。誠然文憑主義一時不易根除，但考不上學校或考不上較好的學校，不應使青年人長久受挫。因爲任何一個知道不斷地求進步的人，任何一個知道怎樣發展自己的潛能的人，絕不會爲沒有學歷或沒有文憑而長久埋沒。什麼叫成就？什麼叫成功？一個守住自己的崗位，盡其能力服務他人的人，其成就遠超過尸位素餐的官僚，或假公濟私的政客。

第八、剷除幾個不健康的社會觀念：

1.不要過份強調海外學人的重要。

籠絡聯繫海外學人目的不外是招撫人心。但必須做得洽當，做得公平，不然的話，就好像搬石頭打人不成，先砸了自己脚一樣。因爲歸國學人，未必每一個人皆是學有所成。過份標榜海外學人，使海外更多學人未必能歸心，但已使國內學人寒心。尤其容易造成一種錯覺，認爲留學之後必能衣錦還鄉，光耀門楣，使青年更加醉心於留學。

2.不使在美結婚的廣告刺激國人。

在報紙上，常可看子女在美結婚，特此敬告親友的廣告。本來登廣告是個人的自由，任何人不應批評。不過目前這種在美結婚的廣告啓事，已造成社會的一種價值觀念。認爲祇有子女在美國結婚，才算是了啦父母心頭一件大事，則對沒有子女在美國的人，多少是一種無謂的刺激。

3.不要競爭宣傳各校的升學率。

每次聯考完畢報上都會刋登各校的升學率，極容易使社會人士視升學率之高低，爲評定辦校好壞之標準。這樣一來，家長們則必然更要壓迫自己的子女考上好的學校，而辦學的人也要犧牲教育的目的專門創造較高的升學率。

4.不要煊染榜首，而被學店利用。

每年放榜後，常有大量文字照片爲榜首作宣傳，演變成英雄主義。好強的年輕人，因此便視榜首爲考試的目標，造成心理的壓迫感，而一些學店更利用榜首作不當的宣傳。

（民國五十五年七月廿八日臺灣電視公司時事座談答問）

現代青年應有的生活修養

引言

今日爲貴校第二十六期同學畢業的前夕，首先恭賀各同學學業有成。

幾十年來社會上就有一句流行的話，「畢業即失業」。這句話對各位而言並非如此。因爲各位皆負有革命科學家的任務，必須即刻到預定的崗位去工作。

但另外一個中外流行的說法，却一樣適用於各位，就是「畢業即始業」。因爲 Commencement 這個字的眞正意義是開始。在學校裏是畢業，但在更廣濶的知識領域在更廣大的人生途中，不過開始邁步而已。

當各位就要向更廣大更豐富更複雜的人生邁出第一步的時候，我要釘問一句：各位曾否立下大志？

我相信各位早已確定了人生觀和人生目標及計劃。但我要強調的是人生觀及人生計劃都不是孤立的。它必須要配合時代的潮流、世界的局勢、國家的前途及個人的條件。

這樣的人生計劃訂出來，才有價值，才能結合理想與實際，才能對國家社會有貢獻。

關於個人的條件，每個人不一樣，無法討論。但是有關時代趨勢的部份，願意與各位提出討論。

一、這是三民主義的時代

民主的時代——人類社會的進化，是循著神權、君權、民權漸進的。初民因爲營生不易，自然災害又多，所以必須依賴「天」意的庇護，因而產生神權社會及「君權神授」的君權社會。

十四世紀以後，西方歷經文藝復興，思想啓蒙運動，宗教革命，民主思潮，民主革命，產業革命，乃產生了目前的民主時代。

在一個民主的時代裏，民主政治制度不過是一端；更重要的是民主的思想和民主的生活方式。

政治制度是隨時會變化的。假如民主制度沒有民主的思想及生活方式來支持，便是徒有民主的形式，而不能稱爲眞正的民主。

三民主義的民主觀念，便是眞正的民主，是民主的社會，不是民主的形式。

科學的時代——一般人講科學每狹義的認爲只是一套一套有系統的知識而已。其實，科學不僅指有形的知識，也包括無形的科學方法和科學精神等等。

嚴格的說，科學的眞正價值，毋寧在於它的方法和精神。自然科學研究自然世界一切事物的關係，社會科學探討人類社會的一切關係。它們所用的方法，所根據的精神，及研究出來的結果，一定會接近於眞理。因爲科學是求眞的，所以科學就是力量。反過來說，力量並非科學。有的人崇拜權威，以爲凡是有力量的，就是美好的，那就是不科學的。三民主義的科學觀念，是根據我國的文化傳統，重視科學精神、科學方法一如重視科學知識。

倫理的時代——何謂倫理？倫理是人與人之間，基於不同的關係而存在不同層次的作人的道理。

民主愈發達，科學愈進步，倫理也就更加重要。假如沒有倫理，民主與科學不僅無法造福人羣，甚至可能危害人羣。退一萬步講，民主與科學倘無倫理，必將淪爲人人爲自己，人人爲衣食，那便沒有意義了。

倫理的產生或出諸天性，或出於理性，皆是進步社會的凝和力量。小自家庭，大至民族，當一羣人藉著相同的語言、血統、生活習慣結合時，倫理也就逐漸產生了。

倫理的內涵，簡單的說，就是仁愛。

三民主義的倫理觀念，就是基於仁愛的人類互助合作的法則。

綜合以上所言，今日的時代，既爲民主、科學和倫理的時代，那就是三民主義的時代。本黨先進潘公展先生是我的三民主義業師。抗戰期間，每週上課時，聆聽公展先生的講示，總是強調三民主義的時代性和世界性。今日加以印證，益信三民主義的民主、科學、和倫理的精神實在代表了時代的趨勢。

二、共產主義是時代的逆流

人類的前途，在於本著仁愛的天性及社會進化的原則，互助合作，共謀發展。任何政權或思想，若違反這一個原則，必將成爲時代的逆流，阻礙了人類的進步，且也終會被時代的巨輪輾平，難有所成。

翻開近代歷史，二次大戰前和大戰初期盛極一時的法西斯主義，便是明顯的例子。今天的共產黨，又步上了法西斯主義獨裁侵略政權的後塵。

共產主義否定人性及人類進化的原則，強調階級利益，妄圖用鬪爭的方法改造社會，達到烏托邦式的社會主義的目標。

共產思想，不知用藥治病，只知肢解人體。

共產政權更使用武力、恐怖、特務、大衆傳播、教育、宣傳、煽動等手段，對內建立封閉的蜂蟻社會，對外，逐行其赤化世界的陰謀。

但結果如何呢？

應該只有一個答案：猖獗於一時，失敗於永遠。

蘇聯從一九一七年到一九五七年，在列寧及史大林的統治之下，雖說利用第二次大戰的機會建立了原子軍備，但俄國人民所付的代價是何等的巨大。多少人被奴役犧牲，多少人猶關在集中營裏。

現在復遭遇農業的挫敗和人民的不滿，終於逐漸轉向資本主義。文藝中容許了一些人情趣味，經濟建設試圖採用資本主義國家的管理方法，甚至農民也可以保有少量自耕地。

當然我們不能就此認定共產主義思想，或共產政權很快就要破產，但作爲共產集團領袖的俄國，歷經五十年的恐怖統治和對外侵略，並不能向世人證明共產政權可以解決人類的問題。相反地，俄國人民仍然嚮往自由，甚至詛咒西方國家容忍俄國的統治方式；足以證明共產思想祇是時代中的一股逆流。

但是共匪仍然不承認這個事實。它一方面以馬列史毛的共產正統自居，攻擊俄國的所謂修正主義路線，一方面發展核子武器向西方國家敲詐，還企圖輸出所謂的「人民革命」，來建立紅色帝國。

雖然匪區內部反抗毛匪的力量，正由下到上，從文到武，由外到裏，蓬勃滋長。而毛匪並不自覺，甚至加倍的倒行逆施、共匪人民日報二十三日「好得很」社論中曾說：「毛澤東說過，馬克斯主義的道理，千頭萬緒，歸根結底，就是一句話，『造反有理』」，毛匪又說：「金猴奮起千鈞棒，玉宇澄淸萬里埃」。

於是，在毛澤東的策劃安排下，大陸上出現了義和團以後的最大鬧劇——文化大革命。這就像共匪從前所發動的三反五反，淸算鬥爭一樣，企圖製造一種瘋狂的氣氛，以維持他個人的地位，並排除異己。

中國古話說：「自作孽，不可活」，聖經裏也說：「上帝要人毀滅，必先使他瘋狂」，這是共匪政權命運最好的註脚。

三、我們的責任

根據以上分析，人類前途的遠景十分淸楚。但目前情形則非常混沌。處此時際，我們個人如何選擇自己應走的道路？一些人採取退却的態度，千方百計跑到美國，甘心作他國家的次等公民，雖然可以混吃混喝，但是，這樣的人生有什麼意思呢？一些人不能到國外去混，在國內混，情形也是一樣。

我認爲我們今日已無退路，我們的活路就是進取之路！

總統　蔣公曾經說過：「生命的意義在創造宇宙繼起的生命，生活的意義在增進全體人類的生活。」

人生的最大責任，就在承先啓後，爲天地立心，爲生民立命，興滅繼絕，對歷史有個光榮的交待。

因此，擺在我們面前的有幾件大事要做：

拯救我們的文化——共匪進行文化大革命，口口聲聲要「除舊布新」，取而代之的，却是毛匪的思想和違反中國傳統文化的唯物主義，基於天人合一性道合一的中國五千年的歷史、哲學、藝術、文化，正受到共匪異徒的破壞或竄改。如果我們不能早日拯救我們的文化，中國五千年的文化遺產，勢將受到無可補救的摧殘。

進一步說，我們對付共匪最有力武器，也就是文化的力量。我們自己在臺灣維護中華文化是不夠的，更重要的是利用這個火種點燃藏在大陸人心深處的文化火苗。不能曠時日久，任其熄滅！

拯救我們的同胞——人饑己饑，人溺己溺，大陸百姓在痛苦呻吟苟延，所過的日子正如人間地獄。他們是誰？他們就是我們的父母親朋。我們倘有仁心，當知大陸八億同胞沒有自由，我們的自由便沒有意義。果能以我們的生命換取八億同胞的自由，我們的生命該是何等有意義。

我們若不能早日推翻共匪政權，拯救大陸同胞。萬一共匪政權盲目肆行對外擴張，挑起國際衝突，則在一場原子戰爭中，大陸同胞的犧牲將何等慘重！屆時我們卽使能逍遙於戰爭之外，又何等逃避良心的譴責？

拯救我們的國家——中華民國歷經內憂外侮，終能從次殖民地的地位，獲得眞正的獨立，成爲世界強國，都是革命先烈們用鮮血換來的。

這樣一個用碧血丹心創造的國家，怎能長久在共匪盤踞之下，甚至連我們的生存根據地臺灣省也在共匪窺伺之中。

這以上三件大事，除了青年之外，沒有人可以完成。

試看中華民國的成長，無論推翻滿淸，五四運動，北伐成功，抗戰禦侮，都是一代一代的中國青年，用思想，用行動，用血肉之軀，肩擯起中國的命運，向前邁進。

到我們這一代，必須繼承先賢先烈的血跡，而對歷史有個交代。

佛說：爲一件大事而來。每一位中國的青年，都應有這樣的胸懷，要立下「完成大事」的人生觀。

四、如何盡到責任

如何盡到我們應盡的責任？這就是我一向的主張，讓青年接上這一棒。讓青年把救文化，救國家的責任擔負起來。

也許有人要問，交棒給誰？講這話的人，眼裏實在沒有青年，他若不是無心去培養青年，就是對社會上許許多多準備接棒的青年，視若無睹。

但是青年人也要反省，自己有沒有接棒的責任心？自己有沒有接棒的條件？假如能有上述「完成一件大事」的胸懷，亦卽具備革命的人生觀，那就是有責任心了。

至於接棒的條件呢？需要從事一種生活的修養和鍛鍊。

第一，我們必須樂觀——我們要確認，人類的前途一定光明，三民主義的時代已經到來，共產主義是時代的逆流，絕不能長久存在。

「邪不勝正」、「暴政必亡」這是我國的古訓，也是人類歷史興替不易的法則。青年絕不可因爲國家的命運一時黯淡，就頹喪消沈，志氣磨損。要知道「長江後浪推前浪」。這一代青年若不能創造自己的命運，我們的命運就要被下一代青年所改造！

第二，我們必須忍耐——在風雨中保持寧靜，在拂逆中堅定不移，才能積蓄出最雄厚的力量。

忍耐是一種美德。懂得怎樣忍耐，才會用謙虛的態度和冷靜的頭腦判斷是非，洞察利害，接受失敗的敎訓，爲未來的勝利早作準備。

第三，我們必須奮鬪，我常說，天地之大德就是好生之德，天地之動力，就是自強不息，我們旣懷仁心，身爲君子，便要不斷奮鬪，完成大志。

孟子曾說：「天將降大任於斯人也，必先苦其心志，勞其筋骨，餓其體膚，空乏其身……。」

這祇是說明承擔大任的人，必須努力奮鬪自強不息。無論作人，作學問，作事業皆要在既定的目標下，進步不已，永不鬆懈！

結　語

我最愛聽總理紀念歌開頭幾句話：「我們總理　首創革命，革命血如花！」革命血如花，這是何等美麗，何等雄壯的生命之歌。

在畢業歌的歌辭中也有一段：「同學們，大家起來，擔負起天下興亡。……我們今天是桃李芬芳，明日就是社會的棟樑。……」

今日桃李芬芳，明日社會棟樑！

我們今日畢業於革命的學府，必以革命爲職志。在學校時爲桃李芬芳爛縵，畢業之後就是社會棟樑，要挑起國家興亡的大擔。

我們應記住：樂觀、忍耐、奮鬪是我們革命者的生活修養；救文化、救同胞、救國家就是我們的大志向。自今作始，努力不息，不疑不懼，大事必成！

（民國五十五年八月廿六日在陸軍理工學院畢業一期講演）

我的奉獻

我因爲有不浪費時間的習慣，走到那裏，隨身都帶着一個公事包；那怕是十幾分鐘的時間，也可以從包裏拿出一本書看看，或是寫一兩封信，日子久了，公事包就成爲我須臾不可或離之物。對自己固已形成習慣，別人也不覺得奇怪。祇有在前幾天坐三輪車回家，付過錢後，車夫饒上一句話：「先生您是幹律師的吧！」幹律師的？我聽了很覺得突然，問他爲什麼這樣猜？車夫得意的回答說：「看您的公事包，就知道。」

雖然他猜錯了，我倒有些竊喜，也許僅是一種虛幻的滿足。因爲童年的我，確曾遐想過長大時能當律師。但在小學畢業前，不知不覺間却對報紙發生了興趣。當時天津一地就有幾十種報紙，我的二伯父訂了大公報、益世報、天津午報，還有一兩種其他的報紙，都鎖在他的書房內。我中午一放學回家，便悄悄撬開他的房門，躺在他經常躺着看報的椅子上，一張張的翻來看；直到母親在院裏大聲叫我回屋裏吃飯，才溜出來，把門扣好。我二伯父回家來根本不知道他的報紙已被我看了第一道。

當然，使我終於獻身給新聞事業的最早的影響，還是來自母親對我做作文的鼓勵。小學時期，我常不費什麼力氣的做作文，尤其是寫自由題，看到什麼，就可以寫一篇，分數也不差。有一次在家裏信筆寫了一篇「秋菊」，可以說完全出自幻想，但老師竟評爲甲上。同學們不服氣，都一口咬定說是我二大爺（二伯父）替我做的。我把這件事告訴了母親，她就對四伯母誇我作文好。我在旁邊偶然聽到了，心裏眞有說不出的興奮；多少美麗的夢，都從那個時候起在我的心田裏埋下了種子。其中有一顆，竟然發芽，長大，成蔭，那就是將來作一個新聞記者，天天去寫，寫給人看。

最早看我寫在報紙上的文字，祇有幾個人——我的四伯父、四伯母、哥哥、和兩三個堂弟妹。那是抗戰初期，暑假裏，我從學校搬回四川綦江四伯父家裏住。暑居無聊，我就動員了一個堂弟弟和一個堂妹妹，辦了一張「家庭日報」。每天出一張。那是從我的練習簿上撕下來的一張紙，中間一摺，便成爲四版，第一版刋登家庭要聞，第二、三版刋些什麼，我忘記了，第四版，是副刋，我喜歡畫漫畫，就在上面畫些人頭像。這張「家庭日報」最重要的讀者是我的四伯父，最初一兩次，堂弟弟拿給他看時，他祇用眼睛瞄了一下，就扔在一邊。可是我不灰心，第二天報紙仍照常出版，慢慢地，他看了。他一邊看，一邊微笑；最後，竟然回家就先找「家庭日報」。

我現在才知道，爲什麼「家庭日報」征服了這位冷冰冰的水利工程師。原來，「家庭紙報」第一版第一條新聞常常是當天晚飯的菜單。我四伯父下班回家，想是肚裏餓了，急於知道晚飯吃什麼菜；「家庭日報」剛好滿足了這位讀者的需要。

自然，我的野心不祇是天天辦「家庭日報」，偶耳也蒐集資料，寫上一兩千字的文章，向眞的報紙投稿，最先是寄大公報，久久沒有消息，又改寄掃蕩報，然後每天都在希望中起床，在失望中上床。雖說直到我進大學前，沒有報紙登過我的投稿，但我却天天過活在對報紙的期待當中。其實，在冥冥中，我的命運從那時起已經注定：報紙上可以沒有我，但我却不能一天沒有報紙。

祇是，在中學時代，我自己又豈能知道將來竟有幾十年的時間和新聞事業結下不解之緣。從充滿了未知數的中學時代，終於踏進了仍然含有未知數的新聞事業生涯，除了天生的命運之外，我也曾竭力安排。記得在高中畢業前，教育部派了一位督學陳東原先生來校指導我們選擇科系。陳先生口才很好，教我們學理工，又教我們學文法，好像學什麼都有理由；但終其兩個小時的講話，沒有一個字談到新聞系。我在極度失望之餘，雖然吃飯號的號音已經落地，但沒有奔向飯廳，却一頭鑽進校長室，找到陳東原先生，釘着他問一個問題：「具備什麼條件，可以進新聞系？」其實，我心裏已決定了，不管什麼條件，我都要學新聞；其時，祇是想從陳先生口裏找到一點信心的根據。

我把這個決定，寫信給我四伯父，和他商量。他堅決反對（儘管他是我首創「家庭日報」最忠實的讀者），並勸我學建築。建築我也喜歡，甚至學法律，可是我自己也不知道從那一天起早已許身新聞事業。因此，在高中畢業後，我祇考了三個地方，一是中央政校（國立政治大學前身），一是中央大學社會系，一是中央大學師範學院。師範學院，我是考取了，社會系我雖滿懷信心，但沒有考取。口試時好像是孫本文先生問我：「社會學研究什麼？」我就信口回答：「社會學就是研究社會問題，像失業問題啦，人口問題啦……」孫先生立刻就打斷我的話，說答案不對。我反問道：「那麼，社會學研究什麼呢？」他說：「現在不必回答你。」接着，就喊第二個人了。

祇有考完政校之際，我最灰心，因為數學出了兩大題，我祇答了一題，考完再和同學一對，發現僅有的這一題也答錯了，可是，偏偏政校取了我，我進了政校。嚴格地說，從此我踏上一條船，一條用自己的命運、興趣、和信心構造的一條船，載我駛向我所屬於的地方。

今日，我在政大任教已近十年。每年，我都從五十多個一年級新生的面孔中，尋找二十多年前我的影子。每年，我也對着五十多個穿着學生服走出新聞館的背影祝福，希望他們像我一樣，走上了他們自己所要走的那條路。在那條路上，每個人都是個奉獻者，永遠熱誠的，無倦的傳播眞知！

（民國五十五年八月「展望」雜誌創刊號）

我對發展科學教育的意見

關於自然科學方面，以我們國家的人力和財力而言，應該針對實際條件及需要，作重點發展。

第一、使科學研究與軍事相配合，以發展國防科學，現代戰爭需要高度的科學知識，但軍事科學人才，多少年來皆感缺乏。陸軍理工學院是軍中最好的科學教育機構，猶不免遭遇人才的困難，所謂科學與軍事配合，不一定指着從國防預算中取用若干以發展科學。果科學教育及研究機關與軍事需要相結合，至少可使研究人員有較充分的理由，提高待遇，而研究結果更具有雙重的意義。

第二、使科學研究與工商業相配合，以助長經濟發展。就此而言，返國講學學人蔣碩傑及程心一兩先生已表示極客觀之意見。政府對國內若干工業保護得過份，甚至可說是寵壞了。少數工斷甚至不需要在產品積極改良，祇需掛上中外技術合作的牌子，便可壟斷了國內市場；對發展國際市場，則更缺乏雄心。科學研究與工商業脫節，研究既無實用對象，工商業也無長進。唯有針對國家經濟建設之需要，力求兩者之配合，然後無論爲科學研究或科學教育才有着落，才能生根。

第三、加強中學的科學教育。自從俄國首先發射史潑尼克人造衞星後，美國科學界却受到震動。十年迄今，非獨科學教材幾次更新，學制亦曾改變，目的之一便是使美國人獲得較早的機會培養科學興趣，發展科學才能。我國中學科學教育，除書本知識傳授外，其他均嫌不夠，亟應積極加強。

第四、加強國內條件易於發展之科學。如數學。數學可視爲自然科學之基礎，且無需龐大的實驗室及太多的設備，宜於我國目前之環境。果視發展數學爲科學之急，即使把這一部份教學及研究人員待遇提高，亦不致引起非議。

關於人文及社會科學方面，絕對不應忽視，更不可藐視。一個國家教育的目的是爲了替自己的國家培養有用的人才。用俗話來說，教育的目的是好公民加上好學問。自然科學自是好學問，但人文科學和社會科學除了好學問之外，更可造成好的公民。發展人文及社會科學，似應注意下列三個途徑：

第一、應致力於用科學方法整理並發揚人文科學，包括文學、藝術、哲學及歷史等等。在這方面，我們所要做的不祇限於傳授，更要積極發揚，俾國人對我傳統文化有深刻的認識，更使我傳統文化的價值爲世界各國所瞭解。

第二、應以建設臺灣和復國建國的需要，發展社會科學。社會科學的實用價值，比較具有地域性及時間性。倘能配合國家建設的需要，不但有益於國家社會，且可增加國人對國家社會的責任感。

第三、應致力於匪情的研究。匪情研究實可視爲一種綜合的社會科學，而且是一種不斷生長中的學問，尤其適於在我國國內發展，並建立世界性的權威。不此之圖，徒賴西方研究之間接知識，非獨不經濟，抑且不體面。

（原載民國五十五年十月三日出版第八五八期「中國一週」雜誌）

（補記）前文主要是根據民國五十五年八月六日筆者在立法院教育委員會座談會的發言紀錄摘要而成。由於「中國一週」的專論篇幅有限，必須擇要選刊。惟是日在立法院座談會的發言中，尚有一些內容，解釋所提主張的理由，乘輯印本書之際，附錄如下：

一、爲什麼要有重點的發展自然科學？

「在上週六，已有十二位學人教授對本問題發表高見。我拜讀之後，發現在結論中，幾皆認爲我們的自然科學十分落後，我們的科學教育需要改進。改進的途徑，第一便是改善教育及研究工作者的待遇，使青年能安心在國內工作，或出國後仍願意回國。第二是充實設備，增加實驗及研究的機會，第三是創造自由的學術研究的環境。

對這些看法，我十分贊成，一個奉行民主自由的國家，自然需要一個自由的研究環境。第一和第二兩個途徑，也是全面發展科學的基本條件。但就加速發展科學以應國家需要而言，恐怕三個途徑皆緩不濟急。

在我國目前財政情況下，大幅度提高和全面提高教職員和研究人員的待遇，機會恐怕不多。以大量經費購置設備儀器機會也不多。卽使待遇可以大量提高，設備可以大量充實，在短期之內，我們的科學研究就可以趕上先進國家了嗎？如果需要長期發展，難道他國在長期內就不發展了嗎？卽使我們終能趕上歐美先進國家的科學水準，我們的青年就能安心在國內工作了嗎？留在國外的人就全都樂意回來了嗎？我大膽的認爲青年急想出國或出國之後不想回國，不能完全歸咎於國內的科學水準趕不上歐美。這種心理的形成還有其他的社會因素存在。

因此，如其我們不能以大量財源作上述的提高和充實，或卽使能夠長期而大量的提高和充實，也未必能和歐美國家並駕齊驅，我們何不以有限的財力，對科學作重點的發展呢？

二、為什麼要重視中學的科學教育

「俄國首先發射史潑尼克人造衞星後，使美國科學界深受震動。十年迄今，非獨科學教材迭次更新，學制亦曾改變，目的之一，便是使美國青年獲得較早的機會培養科學的興趣，發展科學的才能。因爲一個人在科學上創造才能的顚峯，常在三十歲以前。獲得博士學位的年齡越晚，其發展的潛力也越少。

我國目前的教育制度過份刻板，幾乎很少變通的機會。一個青年大學畢業時，總到了二十三、四的年紀，再服役兩年便是二十六歲了。如果能順利出國深造的話，得到博士學位非三十歲莫辦。即使得到博士學位，就高深的學術而言，也不過在科學的某一個位置上剛入門而已。因此，我們必須在中學的科學教育方面下手，早日發現具有科學天才的人才，而不受一般教育制度的限制，給予發展其天才的機會。這樣做法，也許培養了一百人，未見一個人成功，但果然培養了一個非常的科學家，其對國家、社會、甚至整個人羣的貢獻是無可衡量的。

不但自然科學如此，藝術教育也應該如此。

三、爲什麼要重視人文和社會科學？

「如今，大批留學生去國不歸，純粹因爲國內沒有好的研究環境嗎？絕非如此單純。我認爲這是我們的教育失敗了。我們的教育從小學開始到大學爲止，在十六年的漫長時間內不能使一個青年人對民族文化、國家鄉土、和社會人羣，產生充份的愛心和責任心。

就這一點而言，便和人文與社會科學受到輕視，甚至鄙視大有關係。

從國家長期發展科學委員會歷年所分配的經費性質比例中也可以找到部份的答案。

從民國四十八年到民國五十三年，長期發展科學委員會共支配各種經費新臺幣兩億四千八百八十萬另八千八百廿七元九角六分。其中研究設備費和研究費爲最大的一宗，佔百分之六十九，已接近百分之七十。以民國五十三年爲例，兩項經費合計八百二十一萬六千一百廿五元，臺大分配四百四十二萬零二元四角二分，佔全部半數以上。中央研究院得一百十九萬四千五百三十一元，佔百分之十四強。兩單位合計已達總數的三分之二。若就性質來分，以五十四年度爲例，數理及生物組佔百分之八十，人文僅佔百分之二十。

也許有人說長期發展科學委員會的經費原是爲發展自然科學而用。但人文和科學的研究，我們就可以不聞不問了嗎？

共匪最近正在大陸上對我固有文化進行瘋狂的破壞。我們在臺灣提倡科學生根，共匪在大陸則已開始文化挖根。倘若我們對人文和社會科學忽視和鄙視，而不能在臺灣創造新生的文化力量，我很懷疑我們究竟能否單靠西方的科學文明反攻大陸；即使能反攻大陸，對於民族的文化，我們又能給大陸同胞一些什麼？

因此，爲復國建國的長遠計劃着眼，除了選擇重點發展自然科學之外，我們還應該平衡的發展人文和社會的科學。

建立大教育的觀念

主席、各位先生：

貴社在今天擧行第六〇三次例會主要爲慶祝「九一」記者節。記者節所以被諸位所看重，自然由於新聞事業在現代社會中的重要性日益增加的緣故，諸位所以命令洪鈞來報告，不外因爲本人的工作是教育未來新聞記者的緣故，可是，我要大膽的說，大聲的說，今日的社會已不是單單靠着若干良好的新聞記者可以改造的，甚至不是單靠若干良好的教師可以改造的。今日的社會風氣已墮落到一個「冰點」，它需要無數有愛心的人，有熱心的人，有信心的人，以身作則，加以挽救。因此，我今日的講題是「一個大敎育的觀念」。

一、天地之原德──生育、養育、教育

首先，我要提到一個大家常常談起的名辭——道德。何謂道德？道德不過是人與人間生活的軌範。這不是外來的拘束，主要是透過一個人內在的力量來維繫。道德的內涵必然隨着社會的進化而不同。我們不能要求一個現代的人生活在幾百年或一千年以前的生活軌範裏。但，有一樣東西永遠不會改變，那就是道德的根源，也可以說是一種原德。什麼是原德呢？我認爲那就是好生之德。

試看宇宙萬物那一樣不是孕育在一種生機裏。尤其是具有生命的東西更是生生不息，綿延不絕。一顆小草也要經過種子的吸收、滋養、發芽而長成，及其長成，又要交配、播種而使其族類得以永久存在。至於一般動物求生的過程更爲明顯。可以說，生就是造物者給宇宙萬物最大的原動力。植物雖然沒有意識，沒有感覺，但在陽光之下則顯得欣欣向榮，正是所謂「向陽花木早逢春」。而動物呢，則有了心靈。一個低等動物生下來本能的也知道覓食取暖，原因是它帶來了生的衝動，生的原動力量。這是造物者的意旨，是道理中的道理。所以，我們稱之爲原德。

對人而言，原德似可包括三種，第一便是生育。試看，父母對子女之愛心是極其自然而無私的。尤其是母親，從懷孕開始就產生了自我犧牲的意識，直到最後，這就是造物者所賜予的原德。倘無此原德，那有人類？那有萬物？其次乃是養育。養育不單是父母對子女，或子女對父母，可以說社會上人與人間都在互相盡到養育的責任。倘無人織布，我何以禦寒？倘無人耕種，我何以果腹？或謂這是合作謀生。但人與人間能合作謀生，豈不就是大家互相的養育嗎？至於社會上許多服務事業，慈善事業那更是出於「己飢人飢，人溺己溺」之心，是犧牲小我以完成大我，貢獻一己力量增進衆人幸福，也就是一種「好生之德」。

而我們今天所要強調是另外一種原德，乃是敎育。敎育和生育、養育一樣，也是自然的，無私的，與生以俱的。試看一隻大貓如何敎小貓爬樹和捕鼠，一隻母雞如何敎小雞躱避和覓食。而人類呢，可以說更富於敎育之愛。希臘哲學家也是西方第一個偉大的敎育家蘇格拉底，曾說：「我愛人，我不惜把所有的一切，傳之於人，我非但不求報酬於人，有願聽我言者，甚且願以報酬於人。」我們的孔子也說「學不倦，誨不厭」和「有敎無類」。同爲一個人總有從現實的殘缺追求理想的完美的那種衝動。但人生有限，到了相當成熟的時候，他便要把這種衝動移植給後者，這種精神生產的過程就是敎育。而這種「誨而不倦」的精神，就是敎育的愛，也卽天地之原德。人與人不同者，愛的成份有多有少而已。大致說來從事敎育工作者成份最多，其他政治家、工商企業家、藝術家，皆有之。

二、傳統的教育觀念——學校、家庭和社會

談到敎育，不能不指出當前一種錯誤的傾向，自然也是傳統的觀念，卽視學校爲唯一實施敎育的場所，視敎師爲唯一的敎育工作者。最多，認爲父母也負有敎育的責任。所以，我們在三字經裏便可以讀到「養不敎，父之過；敎不嚴，師之惰」。可知，在傳統的觀念中，敎育仍存在於

學校中與家庭中。我們稱之爲學校教育及家庭教育。

近年以來，社會教育的觀念已經建立。不過，一般人仍把社會教育的實施，寄諸於社教機構之上，譬如圖書館、社教館、博物館、科學館、美術館，甚至公共體育場等等。最多擴大爲大衆傳播工具的使用，譬如電影放映，無線電廣播和電視廣播的使用。值得注意的是，大家始終不願意明白指出（也許是無意的，也許是有意的）大衆傳播事業本身就是最重要的社會教育的機構。也許這就是各位先生在記者節之後第一個餐會中找我來報告的原因。

大衆傳播事業，原稱新聞事業。但今日的新聞事業，像報紙、雜誌、廣播、電視和新聞電影，固然是大衆傳播事業，大衆傳播事業却不限於新聞事業，譬如出版事業，電影事業就是最有力的大衆傳播媒介。而大衆傳播媒介，包括新聞事業在內，教育是五個作用之一。其他爲意見、消息、娛樂和廣告。

三、一個更大的教育觀念——學樣教育

但是，我今天所要特別強調的，還不是學校教育，也不是家庭教育，甚至不是包括大衆傳播事業的社會教育。各位先生！我們要強調的，乃是一個更大的教育觀念，那便是學樣的教育。也就是人與人之間相互行爲的影響。

各位先生，我們曾經強調過教育乃是天地之一大原德。但我們所強調的仍偏重於教。還有不

可忽略的一面就是學，也就是模仿的作用。尤其是上一輩和下一輩間爲重要。我們常聽到人發脾氣說：「你眼裏還有我嗎？」殊不知誰的眼裏都有誰，因爲每個人都在時時刻刻的用耳朶聽，用眼睛看，而對所聽到的所看到的發生一種反應。這一種反應的過程是很複雜的，包括內心潛在的慾望與社會價値的衡量。但我們必須承認，無論所看到的或聽到的是好還是壞，對對方而言，都是一個樣子，都有被人模仿的可能。孔子說：「三人行，必有我師焉。擇其善而從之，其不善者而改之。」這句話就是我今天所說一個大敎育的觀念——學樣敎育的最好解釋。

如果我們同意這個觀念，我們已經具備天地之原德。換句話說，我們今日的一言一行就會合乎敎育的道德。在這個觀念之下，人人可爲敎師，處處可爲敎室，事事可爲敎材。

尤其是上一輩和下一輩之間，學樣敎育最爲重要。中國傳統的觀念，給爲尊長者崇高的地位，所謂長幼有序。事實上，一個人在年輕時候，模仿的慾望最爲強烈。兒童時代最喜歡作的遊戲，莫過於模仿大人的言行習慣。到長大之後仍然要在年長一代尋找其模仿的對象。可能爲父母，可能爲敎師，也可能爲年長的朋友或長官。惟是之故，爲人尊長者更要發揮其原德，以一己之言行作爲年輕一代模仿的榜樣。昔稱：以身作則。逝去的敎育家吳兆棠先生很客氣的說：以身作例。無論作則或作例，皆是對後人的一種神聖的責任。

談到學樣敎育或是給人學樣，我認爲我們不應有驕傲或滿足之感。相反地，我們祇能視之爲人類生長過程中每個人必然要盡到的天職。如果我們以自己爲他人的榜樣爲榮，不如感到恐懼。

因爲當你在模仿時，你是進步的，當你給別人模仿時，他是進步的，而你自己已經衰老。雖說這個過程很殘酷，很悲哀，甚至是一種犧牲。但你必須面對。因爲個人的生命有限人類的生命不朽。後人必須以前人的文化爲基礎而加以發揚光大。我們如果有自己比後人強的觀念，那是無知，那是落伍。所謂「長江後浪推前浪」後人一定要比今人強。孔子說：「後生可畏，焉知來者之不如今也。」這也就是我一向所主張的「接棒」的道理。

四、根除民族性的缺點——自私和虛僞

在結束我今天的講題之前，各位先生，請容許我大膽的指出今日社會的缺點，而說出那一些事情，在我們這一代是必須做到的。

各位皆知道，中國社會一向被四個因素所擾卽私、愚、弱、貧。這自然是多少年來各種政治、經濟、社會制度累積的結果。但我認爲在民族性上有兩大缺點必須根除，一個是自私，一個是虛僞。倘這兩個缺點不能根除，則一切建設都沒有用處。由於社會上缺少良好的榜樣，今日靑年中，確已有一部份人到了無可信、無可愛、無可爲的程度，這是民族生長過程中莫大的悲哀。

我個人很想在學樣敎育中盡到一點力量。因此，我就從最容易的工作做起，那就是「不煙、不酒、不嫖、不賭、不舞」五個不字。我想以這五不來訓練自己的理性和毅力。接下去，我想更進一步學習「不私」和「不僞」。在這方面，在座諸位先生正是我最好的模樣，也是廣大社會的

模樣。扶輪社的活動在社會上已建立了公正和誠實的典型。假如這種精神能以一傳十，以十傳百加以推廣，則恨可成爲愛，敵人可成爲朋友，荒漠也可成爲綠洲。這就是我所堅信的一個大教育觀念的實現和成功。

（民國五十五年九月十日臺北西區扶輪社出版「龍山」週刊）

幾位教育家給我的影響

我一向奉行一個大教育的觀念。我認爲不但前人與今人皆可爲教師，甚至大自然的環境一樣可以給我們許多靈性上的啓示。雖說如此，予人影響最大的，還是那些具有感召力量的教育家。迄今猶孜孜教育事業的教育家們，我認識不少，對我影響也很大，但目前不能寫。像這樣的一篇短文內，我祇能提到幾位故去不久的今世教育家；更恰當的說，是這些人在教育方面對我有深刻的影響。

從民國四十六年，投身教育工作，迄今已是十個年頭。與許許多多獻身教育的前輩相比，十年僅是不足一提的段落；但僅僅十年已使我深深體會到作教育工作的苦，和作教育工作的樂。這種苦和樂滋味何如，正像魚游水中，樂與不樂，他人不知。也許現在還不是時候，讓我說出來苦在那裏樂在那裏。但時至今日，我已進階到一個境界，即作爲一個教育工作者，我總覺得有太多事情要做，幾乎沒有時間對所感受到的，細細尋味。不知這是否可用「不知老之將至」一辭來形容。但能有此意境，下面所敍述到的幾位故去的教育家給我很大的啓示。

胡適之先生，我老早說過，他是個多方面的人物。單是在教育方面，便有許多事實值得寫，可是我瞭解得太少。不過，對我最有啓示性的一點，在教育方面，是他的智慧。每次與胡先生晤談，總覺得面前光采照人。具體地說，他未必對所談的話題曾詳細研究；但談到那裏，胡先生總可以給對方一些超越的獨特的意見或是觀念。對於求知慾較強的學生，碰上這樣的老師，毋寧是偏運；也就是說，可遇而不可求的。

胡先生的智慧自然不是學得來的，但退而求其次，是他那種作學問的科學精神為任何教育工作者所不可少。他的書籍、資料雖然很多，但有條不紊。他可以隨便講到那個節骨眼上，找出那一段話的根據，而且他不厭於把每一段話都找出根據來。這種治學的精神對他智慧有多少助益，我無從得知，但敢說徒賴天賦是不可能的。

一般人也許不太注意，胡先生的智慧好像自來水，非但源源不絕，而且輕輕把龍頭一擰就有水來。也就是說，他樂於和人認眞的討論問題。那怕對方僅是個初見面的大學生，他也像幾十年老友一樣的接談；高興時不但上下古今，而且翻箱倒篋。民國四十五年春季，我在美國隨胡先生坐車從威斯康辛州麥迪森城回芝加哥；雖是旅途之中，那一次娓娓的談話，今日記憶猶新。這恐怕就是「如坐春風」了。

梅貽琦先生是我的天津鄉長。民國三十四年十二月底，我們坐一架飛機從重慶飛北平，是我第一次和梅先生見面。他穿着一件舊皮袍，罩着藍布大褂，揣着手，蜷坐在運輸機的長型座位上，不講話，像個鄉下的學究。他的質樸、沉默、和堅實，不但塑造了清華的傳統，恐怕也塑造了一個教育家的典型。

與胡適之先生不同，和梅先生在一起，總得找話講，而不是聽講話。但梅先生不講則已，講了那麼幾個字，總是那麼結結實實，擲地有聲。民國四十五年，旅美中西部學人在芝加哥設宴歡送梅先生回國。他從餐桌旁站起來半天，才用宏亮而低沉的聲調慢慢地說了兩句話：「我自己科學沒有學好，我要貢獻我的餘生幫助別人學好科學。」證諸梅先生以後幾年的作爲，可知梅先生就是這樣一個人，少說多做，要言不繁。

也許梅先生拿這種風範去作學問，比他作教育行政，會有更多看得見的成就。但就教育的精義去看，這種犧牲所代表的價值可能多少倍於那關起門來寫的幾本書。美國大學中「Publish or Perish」那句話，雖是事實，毋寧太自私了，豈足爲範！

傅斯年先生似乎兼有胡、梅兩先生的長處，再加上屬於他自己的特質。傅先生處人和做事，是那麼乾淨俐落，眞可謂拿得起，放得下。他的眞，也許刺傷了許多人的自尊，但却爲青年樹立了一種難得的作人的典型。至少我自己是這種看法：別的不說，要做人就像傅先生那樣，對自己未必有損，對別人絕對有利。傅先生在世時對學生非常不留情，但直到今天，還有被他痛駡過的學生在傅園內低首徘徊。

來臺灣最初幾年，由於工作關係和住處接近，我和傅先生接觸較多。我確知他對辦臺大有一套長遠而宏大的理想，可惜天不假年。

我必須在本文內提到吳兆棠先生。在一般人的眼光中，吳先生在那一方面似乎都不能和胡、梅、傅三位先生相比。我和吳先生相識前，屢見其名，也是另外一種印象。但自從民國四十六年到吳先生故去這八年時間內，我對吳先生瞭解漸多；瞭解越多，而越加敬佩。作爲一個教育家，吳先生凡事皆有崇高的理想，但每天也都在平實的力行。

吳先生常愛說一句話，就是「以身作例」。在這句話裏，有多少謙遜、多少堅毅、和多少犧牲。我深以爲當今之世，單聽講話，人人皆是聖賢，但考其行爲，處處皆見不堪。因此，以身作則固然困難，單拿少數幾件事來以身作例，已是不易。吳先生的爲人、做事，乃至日常生活上極能堅守自己的若干信念，足爲人則，但他自己仍僅視爲作人之例。

以我和青年接觸的經驗，深知今年青年渴需要道德的範例。在這方面，我奉行一個大教育的觀念——即學樣的教育。也就是說人人皆有爲人學樣之處，因此人人皆要有吳先生「以身作例」的實踐精神。就教育的效果而言，我寧願不顧十幾本名貴的著作，寧願丟下幾十篇堂皇的文章，只願有一個像吳先生這樣平實的力行者。他的理想對他的力行無傷。

打開論語，翻來覆去的讀，好像可以浸泳於孔子所說「學而不厭，誨人不倦」以及「發憤忘食，樂以忘憂，不知老之將至」那種教育家的意境裏。但究竟時代太早了。卽是近代教育家，如蔡元培先生等，我自恨生也晚。幸而尚有今世這幾位教育家，可使我親炙其仁德，變化自己的氣質。在世的幾位，來日正長；對故去的幾位，我還要繼續尋找他們在教育方面給我的和給別人的影響。但因本刊編者之邀，聊成此文，藉以抒感。

（民國五十五年刊於大華晚報「人物」雙週刊）

多活一歲不為老

恰巧在聖誕節這一天，收到雷震遠神父自紐約寄來的一封信。在信尾上，雷神父用中文簽名，還寫了「慶祝新禧」四個字。

我回憶到從漢城去釜山的火車上，我們一路傾談的情景，他那微凸的下顎，紅潤的面色，以及從眼鏡片下不時閃露的慈祥的目光……。在世界反共大洪流中，雷神父不過是一顆微粒，但却是那麼堅實，純潔有力，而且不斷的轉動，從未休止。

這封信，毋寧是一本有理想有熱情的流水帳。從一九六六年一月在芝加哥講演說起，繼而談到在紐約和費城講演的經過。然後，雷神父來到臺灣，又從臺灣趕回華府出席衆院委員會作證。回到紐約，到醫院小施手術；然後，又在全美各地作了無數次的講演，無線電廣播和電視的訪問。七月初，雷神父西來，先到夏威夷，再往日本來臺灣，復去越南。雷神父曾在越南工作十年，辛勤的結果雖被時局的變化一掃而空，但他對越南人民和越南反共的前途仍抱着無限熱情。在臺北度過國慶，他到韓國參加十二屆亞盟；十一月中旬回到美國，繼續在各地巡廻講演，更於十一月廿二日與賴恩斯神父等一起在聯合國大廈門前遊行示威反對毛共進入聯合國。

這位六十一歲的比國籍神父沒有家而到處爲家，沒有錢而到處有錢用，沒有職業而有着做不完的工作。雖然幾大洲的風霜雨雪使他面貌蒼老，但他的活力却汩汩不絕。原因是他有崇高的理想，堅定的信念，而沒有私心；因此，他不感疲倦，沒有雜念。最有深長意義的是在他來信的右上角印着的兩句話：「多活一歲不爲老，背棄理想最堪憂」。(Nobody grows old by merely living a number of years. People grow old by deserting their ideals.)

一張薄紙寄遠方

執筆之際，又是一個年頭的開始。回顧過去的一年，是不是在人生歷程中又老了一年呢，又少了一年呢？想到雷神父信上的兩句話，眞是多少興奮，又多少惆悵。猶憶去年歲暮，在「新聞天地」上寫了一篇「老的歲月、年輕的夢」，記述廿五年前在小學音樂課風琴旁邊唱出的一個夢，及廿五年來崎嶇的人生路程。當時曾得到一些朋友來信，表示同情。前事未忘，而今又是一年的歲尾。這陰灰的天氣，窗外幾顆枝葉繁茂的雁來紅在寒流中抖擻。這心境……。那一些不像去年？最使我安慰而慚愧的，又是那麼多來自國內和海外的精美的賀年片，其中大部份來自昔日的學生。如去年一文所說：「這些年輕孩子們都曾和我以『樂觀、忍耐、奮鬪』三句話相許」；如今，他們正開始體驗人生新鮮而艱苦的一面，多少拂逆，多少辛酸；甚至遠在千里之外還寄一張賀年片來表示他們對故人的懷念。面對這些五顏六色的賀年片，正像在禮堂裏，在教室裏，在郊遊中所看到的那一張張熟悉的，菁菁的面孔。然後，我掩面，一縷愧思廻蕩五內，久久不能自已。慚愧自己每日指南山下去來，千篇一律，依然故我，在那方面都沒有餘力幫助他們之中任何一人追求他們心目中美好的未來。甚至，我幾年來，也沒有寄出一張賀年片，沒有寫過信，有時連託我辦的一點事也積壓很久。原因是我的心情常在矛盾中。我嚮往理想，但在理想的路上進步太少；我竭力擺脫俗務，而被俗務牽扯得太多。深懼年復一年，雖未背棄理想，終將被理想所棄；到那時候，眞是老了。

雷震遠神父的來信，給我很多鼓勵。看他六十一歲的年紀，依然一年結一次帳，從工作的盈餘上，證明自己並不老。我想到自己也該如此，雖然霧氣茫茫，果能認定理想，堅定信念，無私而勇敢，總可以在年終之際，以結帳代替悵惘。孔子說：「其爲人也，發憤忘食，樂以忘憂，不知老之將至」。我何妨師法聖人之道，忘食忘憂，則年終之際，那怕這本帳薄得只剩一張小紙，總可有以寄給遠方，也寄向自己的靈魂深處。

想到這裏，我開始寫這篇文字，藉以遙寄，遙寄。

揹上評議會工作

在民國五十五年的上半年，我多揹上一件事，那就是臺北報業公會所組織的報業評議會，職務是秘書長。名義雖然好聽，其實只有新聞系畢業的李文慶君在幫忙。和前任沈宗琳先生一樣，在我需要這筆錢之前，在我想做點事情的時候，我拒受薪給。報業公會曾決議重申這一職務是有給職，但我堅持己見。前任主任委員黃少谷先生便決定成全我的初衷。

所以如此，因爲我覺得不論有多少誠意在支持，評議會可以做些事情。在二屆第一次會議擧行時，陶希聖先生說過一句話：「權威是養成的」。這句話深植我心。我想如果相信它可爲，那麼該有所作爲。更何況這個組織從民國五十年八月第二次陽明山座談會開始孕育，民國五十二年九月成立，迄今已有三年深厚的基礎。更何況，新聞自律代表着有遠見的中國報人爲了維護新聞自由和善盡公益責任所表現的智慧和理智。且不說世界潮流之所趨。

若提到世界潮流，我們的近鄰，日本和韓國，在這方面便曾建立了很好的範例。韓國的新聞倫理委員會在提高韓國報業的道德方面已有極大收穫。在維護新聞自由方面，至少使名不符實的「新聞倫理法案」，雖經國會通過，而終未實行。至於日本，它的新聞協會可視爲一個國家大衆傳播事業合作發展而互相約束的完美的組織。因此，我趁今年十一月出席亞盟第十二次大會之便，便應邀訪問韓國倫理委員會，更在回國途中在日本停留兩天，訪問日本新聞協會。歸來後，在臺北報業新聞評議會二屆第六次會上作了詳盡的報告。

評議會的工作到如今半年期間還沒有十分展開，但已增加了我的忙碌。不過，在精神方面已得到了補償。報業公會的支持自不必說，七位評議委員實在是各有其盛德。主任委員成合我先生的精細，蕭同玆先生的雍容，程滄波先生的智慧，陶百川先生的公正，阮毅成先生的瀟洒，許孝炎先生的淳厚、端木愷先生的豪爽，皆使我心儀不禁。最令人遺憾的，莫過於第二屆第一任主任委員黃少谷先生被徵調出任副揆之後，根據評議會的組織條例，必須辭卸委員職務。據我所知，少谷先生對新聞界自律的工作原有很高的理想，而且也很喜歡這件事，但不能不暫時抛棄。

好在評議會的工作計劃已在他擔任主任委員時通過，賸下來的只是執行而已，其內容除接受控告及陳訴案外，還要主動的出版叢書、叢刊和其他資料工作。

五年一度金門行

還有一種工作，是負擔，也是愉快；那就是講演。除了在學校講演之外，還有軍事機關。爲了講演，我不能不每天花許多時間詳讀各報和蒐集資料。過去一年內有兩次令我畢生難忘的講演機會。是一到金門前線，一是到成功嶺大專集訓基地。

金門已經濶別五年，上一次還是和許朗軒先生和吳相湘先生同去的，盤桓四天。這次則和陶滌亞先生與孫桂藉先生同往，住了五天。金門應該是世界上最美麗的前線，也是「毋忘在莒」的實踐。最是在三面被敵人砲位包圍之下，民心士氣永遠是那麼沉着有力。儘管金門每一吋土地都有武裝，但地面之上只是農舍、草堆和土丘。再加上擎天廳的雄偉、古崗湖的幽靜，莒光樓上俯瞰水天相接的市港，誰說不是江南風光。

金門的民政也是戰地政務的櫥窗。農地重劃已進行了一部份，若非軍事原因，進展還要更快。尤其是延長義務教育，已經默默的進行兩年，即將完成。我在金門，多停留了一天，就是承教育界之邀在省立金門中學對全金門中學生講演。作爲教育界的一份子，這個機會使我增光。但最令我感到驕傲的，還是幾位政大、師大、和臺大畢業的同學正在他們的家鄉負起培育下一代金門人的責任。像金中訓導主任倪國榮、金寧初中校長呂水涵、金沙初中校長盧錫銘、及金沙中學教師洪文向等都很英俊而幹練。

也在行前，金門日報總編輯李思炎兄陪我坐着吉普，穿過黑夜籠罩的金門島，到報館去參觀。沿途，共軍的砲聲不絕，遠處閃耀着砲彈的尾光，我一點都不感到懼怕。金門日報在砲火中出版，在砲火中茁長，其中有好多老友的努力，也是好多位學新聞的青年的成績。

金門之行結束，我又來到成功嶺。兩次講演的時間都是清晨六時。我在四時半起床，五時動身，下了車，就踏上講臺。第一天的講演，聽衆有九千人，都是本年考取大專的學生。第二天也有一千多人。我主要是分析共區的「文化大革命」，結論是「紅衞兵」終將推翻毛澤東。但講演的主旨，還是勉勵這一代青年立定不成功便成仁的大志。我曾引用文天祥的兩句詩：「人生自古誰無死，留取丹心照汗青」。我總覺得臺灣的青年需要積極培養對國家對社會的責任感。

不容忽視的韓國

學校開學前，我又有韓國和日本之行；如前所述，目的是參加亞盟會議。在韓國停留十天以上，使我大大修正了前此僅靠報導和傳述而構成的對韓國的印象。撇開政治方面不談，韓國的教育界和新聞界始終保持着很大的發言力量。我訪問了慶熙大學、中央大學、梨花大學和東國大學，也看了幾家報館和通訊社。他們好像是韓國的一股清流。

在國際事務上，韓國在朴正熙統領和一些年輕的政府負責人領導下，積極爭取主動，在經濟上，儘管爭取外援開發擴充，但在文化上，韓國人對我們中國有着很自然的傾慕。可惜我們對韓國的文化工作看去不十分重視，大使館內既無文化參事，也無新聞參事，但在日本，不但是全套的，而且是加倍的。這就應了那句話，一個是「事倍功半」，一個應該是「事半功倍」，但我們連這一半的事，都不肯做。到中央大學新聞系講演時，一位教授對我說：「你們中國人，好像最注意美國，其次是日本，却不重視韓國。」我當然口中解釋，但內心感到歉然。

在日本，只有兩天，新聞協會內已去掉半天，其餘時間所見有限。不過在日本，正像在韓國，也像在金門，也像去年在香港，和在菲律濱，我親眼看到過去近十年內朝聚首晚聚首的同學正是各地新聞事業和教育事業的「標兵」。我每到一家，必然和他們一起醉倒。雖然我不會喝酒，但每想起李白「將進酒」中的兩句詩：「人生得意須盡歡，莫使金樽空對月」，便不禁豪興頓生。世俗的得意只是給人看的，何異過眼煙雲。只有師生、知己與同志的相與相聚，眞是得意欲醉，何待美酒。

案頭日曆，又賸下幾張。誠如開首所說，我應該作一次年終結帳。展開一幕幕的回憶，眞不知是得，還是失。不過，歷經幾次眞正的歡樂與痛苦之後，我漸漸更深刻的瞭解了自己。我瞭解自己的教師成份，似乎超過新聞記者。在最近爲大華晚報的「人物」雙週刊上，我曾寫了一篇短文，敍述當代幾位逝去的教育家給我的影響。事後，楊亮功先生、樊際昌先生和劉眞先生都說寫得很眞確。寫這篇東西，寫那篇東西，我都是一樣的眞確。不然的話，何必遙寄給許多終年不能聚首但日夕縈懷的故人！

（民國五十五年十二月「新聞天地」雜誌）

對中國文化盡其責任

今天我們談論「對中國文化盡其責任」這個題目時，首先要把重點放在中國文化的繼承者——這一代年輕人身上。無庸置疑的，青年是國家未來的主人；但令人憂慮的是，今日青年却有與時代與責任脫節的現象。前年青年節我曾在聯合報發表「青年，我們的繼承人」一文，其中我曾指出：「不去分析青年人他們所屬的環境，不去了解他們的環境，光是指摘他們，那是不公平的……。」

因此，我們要從當前環境找出其中癥結，才能對症下藥，指出青年人可以採行之路，從而要求他們負起對中國文化之責任。

一、今日青年的苦悶

人在世上皆有不安全與不一定之感。但今日中國青年痛苦較多。非但將來爲何，無從確知。連每日所接觸者，譬如所見所聞所作所爲，皆在矛盾衝突當中。

原因之一——理想與現實的衝突，也就是多種標準之衝突。人在社會中皆依價值標準而行事。（由認識到反應的過程，皆依其所學習來的價值觀而判斷。）若有一定的標準，做某種反應定可得到滿足或報酬時，久而久之，便成爲習慣，非但不以爲苦，且感到心安。若其所接觸者，或爲謊言及僞裝，以至於得不到眞實的意義；或是能夠瞭解其意義，而又不能做必然之反應，不知依何種標準行事爲合適，必有無所適從之感，容易陷於矛盾和不安。

我們今日給予青年的道德教育，也可以說是行爲準繩的教育，在現實生活中往往不容易得到印證，甚至背道而馳。具體地說，今日青年生活在多種行爲標準之中，譬如農業社會與工業社會價值觀的衝突，傳統到現代的過渡期，使人兩邊不着岸，以致進退失據的壓迫感。我們一方面不能立刻擺脫農業生活型態的包袱，一方面又缺少一種新的價值標準和生活模式做爲工業社會的依據。幾年前，有人高呼全盤西化，有人再提中學爲體西學爲用的論調，這都是爲中國社會現代化把脈開方的各種嘗試，但相反地，也適足證明我國社會的失調症。只要過渡階段存在一日，我們就得接受一日的困擾與折磨。不僅青年人苦悶，恐怕老一輩人在內心上，也有其不能充份適應的苦悶。

此外，戰時與平時的矛盾，也深深困擾青年。自從政府遷臺後，就形勢而言，我們是戰時；

實質上，我們是平時。以致每個人的心理上和生活上常受着兩種矛盾力量的衝擊。尤其使青年人無所適從。

在一連串矛盾之中，青年不是近於冷漠，就是採取否定的態度，以嬉笑怒駡，甚至佯狂來遊戲人生，甚至產生極端的反社會行爲。

原因之二——對未來不可測。人類行爲的產生，多經由刺激→認識→反應的過程。即使回憶過去或計劃未來也是一種行爲的過程。惟策劃將來，也就是確定理想，必以假設的刺激爲根據，但今日作此構圖，若缺少主觀的堅強意志，便有許多客觀的困難。

尤其是聯合國席次，年復一年掙扎於倖存的邊緣；反共復國的形勢也不容易看出晴朗的遠景，以及其他種種因素，很容易使青年逐漸喪失積極奮進的精神和信心，甚至形成前途茫茫之感，和隨波逐流的生活態度。

六日戰爭前數年，正當回猶糾紛迭起，戰爭一觸卽發之際，亞洲雜誌(Asia Magazine)上曾刋有一幅以色列青年縱酒狂歡的照片。文章內容大概是說以色列領土被阿拉伯國家包圍，種族的仇恨，使得這個新與國家隨時有被戰爭毀滅的可能，以色列青年覺得前途難料，唯有用備戰和縱情來換求眼前的痲醉。這種「今朝有酒今朝醉」的現象，就是青年喪失對未來的期求而形成的。

原因之三——對青年而言，今日社會太平靜(static)太堅硬（rigid），很少給青年人自由創造發展的機會。在智慧方面、在個性方面，甚至在思想能力方面幾皆如此。社會像一塘不流動的水，看不到波濤洶湧的氣概，聽不到生生不息的成長聲音。傳統的壓力太大，知識上、文化上、行爲上、社會上皆然。倫理道德，國家政策，典章制度，思想觀念一切都近乎固定，缺少彈性，無可置疑，也不可能作第二解釋。

特立獨行的風格，不爲社會所歡迎。社會鼓勵的是服從與順應。果有新的看法，每被人視爲離經叛道。僵硬的價值觀極容易阻礙創造力的發展。在此環境中，若干青年每效金人之三緘其口，但其內心則極其抑鬱。

許多青年人出國後就不願意回來，純粹爲了羨慕異邦的物質生活嗎？焉知他們不是無法忍受這種窒息的氣氛呢。卽使他們有力挽狂瀾的熱情，也不容易突破社會結構的重壓。

原因之四——現實的困難。包括升學、就業及發展。以升學而論，青年們從小學起便受升學主義的壓迫。讀書是被動的，學生變成考試的奴隸。他們不關心課本以外的知識，也無暇關切。惡補和塡鴨式的敎育已使青年變得機械、膚淺、短視。卽使到了大學，稍有選課機會，也感到無從下手。理工科學生還繼續有一大堆洋裝書可啃，文法科學生則感茫然。

至於就業，雖不能說機會絕少，但人事關係仍然重要。同時學與用之間顯然還有一段距離。此外，農業人口逐漸減少，工商業一時又吸收不了過剩的人力，亦加深就業之困難。卽使有工作，待遇太低，固不能仰事俯蓄，甚至不能結婚。談到發展則更爲困難。政治上，近五十歲的人出任政府高級職務，猶被視爲少壯，新陳代謝機能十分遲鈍。

現實的問題，最容易使青年人對社會失望，對政治失望，對前途失望。失望之餘，有的趨於消沈，有的演成偏激，絕大部分則走上逃避之途。

綜合上述原故，若說今日青年是奇異的花朵，必須瞭解他們成長於奇異的土壤之中，奇異的空氣，奇異的生活環境。奇異的社會造就了奇異的一代。如果青年無可愛者，無可信者，無可為者，我們怎能一味苛責他們的病態？也就是我在「如何使青年接上這一棒」（註：刊載於民國五十年四月一日自由青年二七八號）一文中指出，不去研究他們的生活背景，單單加以指責，這是不公平的。

二、對世界局勢的展望

以上所說雖為國家艱難局勢下不可避免的現象，但是青年人也無須氣餒。目前的世界情勢仍足有可為。青年人仍可開濶其胸襟，宏大其理想，迎向波瀾壯濶的時代！

第二次大戰結束到韓戰停戰以迄一九五七年，戰後時期（Post war period）已經過去。戰勝國，戰敗國已成歷史名詞，此後卽逐漸開始新階段。在新的階段，各國皆致力於軍事政治、經濟、社會的發展，以應付新的國際局勢和新時代的需要。國際關係中有兩項新的發展，具有代表性的意義。一是原子僵局，一為集體安全。美國早在戰時就已有原子武器；俄國在一九四九至一九五七年間，英國在一九五二到一九五七年間，都先後有了原子武器。各工業先進國莫不力求製造原子武器，加強國防力量，因而造成原子的僵局。二是集體安全。美國到一九五五年時已與四十四個國家訂立共同防禦條約，到一九五七年對外援助金額已高達五百九十五億。目的不外藉集體的力量防止新戰爭的發生。

因此，今日世界局勢最堪憂慮的因素還在共匪。因爲共匪在兩方面企圖破壞此形勢。第一、共匪自一九五九年開始，積極發展原子武器。給原子僵局帶來新的威脅。第二、共匪鼓吹人民戰爭。在世界各地，透過武裝及滲透、顚覆手法，發動民族戰爭，以破壞集體安全。

共匪黷武的行動無形中造成國際關係新的組合。包括：㈠美俄接近。兩國從一九五九年起，開始密切交往，主要因爲共匪勢力的強大，對蘇俄形成莫大威脅。蘇俄必須拉攏美國，以求制衡。㈡匪俄分裂。一九五九年開始，共匪和蘇俄交惡，在大陸鄰近俄國邊界線上，雙方均有重兵對壘。㈢連帶的一九五八年起，共匪內部已醞釀着奪權的鬪爭。

這是戰後階段結束後的國際新形勢，我們早就瞭解，不須贅言。

今後大陸形勢發展的方向又如何呢？應就下列三點趨勢，加以研究。

第一、重劃原子均勢，加強區域安全。這要看共匪能否如一般美國人的奢望，與美俄法等國共同維持原子均勢，不以原子武器威脅他國安全。而且要看共匪能否逐漸放棄侵略主義，停止對外國輸出「人民戰爭」。但此種希望甚微。因共匪不能停止黷武政策，亦不會終止輸出「革命」的陰謀。對內而言，共匪也永遠不能獲得穩定。

第二、共匪繼續發展核子武器，加速對亞洲各國的侵略，經過越戰之升高或韓戰的復起以及其他新的亞洲戰爭，而促成國軍的反攻，甚至造成美俄對匪的聯合行動。不過這個可能性也不大，因爲共匪相當現實。它必然會利用匪俄的矛盾，隨時伺機採取最有利的行動，而不敢輕易蹈入世界性的戰爭。

第三、匪區發生全民抗暴，大陸同胞站起來創造其自己前途，配合國軍的反攻，產生一個大的三民主義新中國。這是可能的，因爲共匪對外不斷擴張。對內則鬪爭奪權殘民以逞。繼續鬪，繼續打，長期以往，生產事業必然荒廢，糧食恐慌亦將難免，大陸人民不勝其苦，勢必揭竿而起，不顧一切推翻暴政。

三、中國的前途

首先，我們必須確信，大的三民主義的新中國必然產生，且將成爲人類未來的生活希望。因爲中華文化早已深植人心鑄成六億人生的生活方式。六億人民所成長茁壯的精神泥土，成分都是一樣的。儘管中國人散佈全世界，但悠久博大的文化，却使我們的根都盤錯在一起，永遠不會分離。

李顯斌、王朝天等反共義士雖在大陸淪陷前後出生，但在一九五八年以前，仍受堅強之家庭的薰陶，終能破圍而出，投奔自由祖國的懷抱。他們鏗鏘有聲的證言，使人振奮，也說明了中華文化就是最後統合中國的力量。

問題仍在於一九五八年以後的一批所謂的紅衞兵。他們受傳統文化的薰染太少，因而容易受毛匪所愚弄，對內對外爲其暴政和侵略的爪牙。但我們可以想知毛匪大限不久。正如我在前面說過的，毛匪斃命以後的奪權鬪爭，將使大陸發生混亂，而饑餓及恐怖終必導致全民抗暴之發生。只要大陸同胞掀起反共抗暴之怒潮，我們的反攻便是仁擧，便是義師，美俄都不能干涉，因爲他們不能與包括幾億人民而生死一心的中華民族爲敵。

其次，什麼是未來中國立國的根據和重心呢？我的答案是中國文化。以仁愛爲中心，以大同爲理想的中國文化，不獨爲中國所有，且將爲世界人士所接受。禮運大同篇就代表着中國人最完備、最崇高的政治理想。政自誠始而歸於仁。這也是人類未來問題的唯一解決途徑。未來中國的問題仍然很多，世界的問題更多。我們可以改變制度，改變政策，改變方法。但變不得的是我們的文化精神。

四、盡到對文化之責任

大的三民主義新中國的產生在形勢上固屬必然。而中華文化既又如此的重要。則吾人今日有一天職，亦爲一大志，卽發揚中國文化，建設三民主義的國家，就像西方人在過去若干世紀中維護基督敎以及推行民主自由的思想和生活方式一樣。易言之，維護並發揚中國文化者，不單是政治的號召，不單爲了推翻共匪暴政，更爲建設中國造福人類的根本。捨此之外，中國的前途何在？

蔣總統說過：「生活的目的在增進全體人類的生活，生命的意義在創造宇宙繼起的生命。」這可說是一個人對國家、民族、社會和人羣責任感的最高表現。我們今日要使生活有目的，生命有意義，首先就要盡到對中國文化的責任。

青年人無須徬徨，別無選擇，應以作一個中國人爲榮。發揮愛心，拓濶胸襟，以發揚中華文化爲志。如上所述，如果捨棄了歷史文化，我們在精神上將一無所依。躊躇徬徨，進退失據，甚至會導致民族精神的死亡。

惟有以磊落的胸懷，堅定此一目標，爲一大事而來，成一大事而去。在這個前提下，我們才能心安意得，爲所欲爲，爲所當爲。

你可以勇敢的向大陸進軍，糾合民衆創造局勢，寫下中國歷史上光輝的一頁。中國青年在自己的土地上創造自己歷史，本爲天經地義。

你可以在自己的崗位上建設臺灣。改革教育、推動民主政治、從事經濟生產，或從事社會各方面工作。你可以用充沛的自尊心、自信心和正直感向惡勢力挑戰，除陳佈新忠於理想，投下影響。

你甚至可以到天涯海角，去讀書，去深造，去創業。只要想到自己是中華文化的繼承人，只要以維護中華文化爲職志，只要具有中國人的驕傲與使命感，無論在任何地方都可以得到他人的尊敬與讚美，可以仰俯無愧於天地之間。

文化是我們無價的資產。文化是涓涓細流的民族命脈，無窮的生命力均蘊於其中。惟有吸取文化精髓而發揚光大，五千年歷史的文化，必將成爲億萬年世界文化的先驅和方向。

我們必須以作爲一個中國人爲榮，以發揚中國文化爲平生之大志。則天地之大，到處皆可寄身，方寸之地，永遠心安意得。大學上說：「物有本末，事有終始，知所先後，則近道矣。」我們不可捨本逐末有始而無終。我常說：小人恒立志，君子立恒志。所謂有志，一個卽足。爲仁人，爲志士，爲君子所需要的就是擇善固執，不疑不懼，勇往直前，不達到目的決不終止。

（民國五十六年三月三十日在清華大學週會講演初稿，經於民國五十六年四月十日修正後在中正理工學院講演後定稿）

民主社會的修養

本來準備講演的題目是：「作一個教師的快樂」。因爲作一個教師，無論是那一種教師，乃是我自小的願望。我也曾投考中央大學師範學院，後來雖讀新聞，還是非常嚮往教育工作。民國四十六年開始，終能如願以償。迄今十年，從事新聞教育工作，與同學們相處甚得。我在系裏一向採取近乎管、教、養、衞的態度。學生倒樂意接受這種大家庭式的教育方式。因此，我也就樂此不疲。

孟子有云：「君子有三樂，而王天下不與存焉。父母俱存，兄弟無故，一樂也。仰不愧於天，俯不怍於人，二樂也。得天下英才而教育之，三樂也。君子有三樂，而王天下不與存焉。」我現在已經深得其樂了。但想到在座孫校長乃是教育的大師，而諸位也都是教育的專家，我如果在師大講述作教師的快樂，豈非班門弄斧？所以我改個題目爲：「民主社會的修養」。

記得在一次討論觀光問題的座談會上，有人說，西方人因慕我們「禮義之邦」，「君子之國」的美名，紛紛前來觀光。但住三天下來，却大失所望，認爲我們是一個怪異的國家。他們心中印象最深刻的，是汽車司機的殘酷和勇猛，是汽車喇叭的響亮，是大街小巷常見汚水和垃圾。還有外國人在光華號高級車廂內，看到我國乘客拿公用毛巾來擦脚指頭。火車站內購票排隊全沒秩序。候車室裏東倒西歪坐着躺着的旅客，有些像難民。在商店裏買東西，有時候還得看店員小姐難堪的臉色。

除了這些景像之外，外國觀光客的照相機鏡頭，還喜歡對準我們的牛車、公共汽車和「娃娃車」，以爲是這個國家的文化特色。因此大家一致認爲，觀光不能徒然靠自然風景，如果在日常生活中沒有好東西給人看，不如不請人來觀光，還可以遮醜。

我的看法是，這不是單單「觀光」的問題，這是關係整個國民修養的大問題。何以國人的日常生活習慣和行爲，會如此的混亂、自私，而缺少共同的準則（或稱公共道德）？主要因爲國人把自古誠正、修齊、治平的道理當作了死的知識而不是活的生活。加以遜清以來，對外國人的態度一直沒有正常過，先則排外，繼則懼外，進而媚外，以致由科學的自卑，演變成道德的自卑。所謂「物有本末」，不可本末倒置。因此，要想建設現代化國家，必先建立現代國家國民的道德修養。

怎樣才叫做現代化國家？現代化國家，應該有一個民主的社會爲其基礎。不過，「民主」之爲物，有人聞之，如醉如狂。有人聞之，却掩鼻而過。早在十年前，我在美國讀書完畢便想返國辦報，在預先擬就的發刊詞中，我曾說過這麼一句話：「民主不僅是一種政治思想，更是一種生活方式。」這種生活方式怎樣達成的？首先要從個人的生活修養着手。因此我說，談觀光也好，談富國強民也好，首須反求諸個人的生活修養。今天我國的社會建設的最大問題便在這裏。

或問，民主生活的修養爲何？以下是我的幾點看法。

一、對自己的尊重：

自尊自重是敬業樂羣的起點。簡單的說，一個人必須要知道自己的重要，看重自己，才能有所作爲，才能知道別人的重要。一國之人，人人皆能如此，這就是一個敬業樂羣的社會了。

任何人不但隨時要知道了自己的存在，更要知道自己的所在，如此，人生才有意義。一個人不知道自己的存在，便是遊魂。不知道自己的所在，便像醉酒，不是把自己看得太高，就是看得太低，以致進退立行都不相宜。

果然知道自己，並尊重自己，才能進退中節。中庸有言：「君子素位而行」，就是要人依所處的地位，而爲應爲之事。也就是所謂的：「正己而不求於人，則無怨，上不怨天，下不尤人。」

以大學生爲例，如能「素其位」，自然樂於讀書、樂於探討學問、樂於尊師重道、樂於謹愼言行。任何行業的人皆是如此。售貨員及車掌，也是一樣的，如知「素其位」，也不致有晚娘面孔的出現和叱罵顧客的行爲發生。只有先對自己的人格和職業尊重了，才能得到別人的尊重。至於地位的高低，職業的貴賤原不足計較。

這種尊重自己的修養，必須出於內心。君子愼其獨。正如曾子所言：「十目所視，十手所指」，一點不能矯揉造作，或有意做給別人看。歐美人士晚上開車，經過紅綠燈處，卽使沒有警察、沒有行人，照樣停車，這就是「愼其獨」。從這件小事上，也可以看出這個國家的國民，普遍具有自我尊重的修養。今天在大學的教室裏，常有學生並不自動行禮，直到接觸到老師的目光，才倉皇起立鞠躬。這種行爲還談不上不尊重師長，根本就是不尊重自己。

二、對他人的承認：

承認別人的存在，並尊重別人存在的權利，人際的關係，才能建立在和諧的基礎之上。只知有己而不知有人，便非眞知。

有己才有人，有人才有己，人己之道非常重要。無論家庭、朋友、同學、社團或任何形式的社會，都離不開人和人之間和諧相處的藝術。如何與人和諧相處？首在承認他人與自己共存的權利，才能進而產生同情與關切，才能具有諒解別人和欣賞別人的雅量。

孟子曾謂：「天時不如地利，地利不如人和。」這個「和」的道理很大。孟子講「仁」的時候，必強調「惻隱之心」和「不忍人之心」，無非是教人知道自己的存在，也知道他人的存在；知道自己所在，也考慮到他人的所在。

知仁，必須注意到人己的界線。最尙自由的人，是最清楚羣己界線的人。如果一個人不知道自己，必也不能知人，人己的界線混淆，其結果必如孟子所說：「捨己之田而芸人之田」。羣己的界線，一般國人往往弄不清楚，因此在我們所生存的社會裏，便時常發現有人喜歡揭人隱私、道人長短、或者隨意干涉他人。這種人就是自暴自棄，最易遭人輕視，而其結果祇有損人而不利己。

前述的「和」，也就是羣己之間和諧共處的意思。與他人獲致和諧關係在於自尊尊人，自重重人，在於遵守羣己的界線，更要在這個基礎上，協調步伐，合作無間。

所謂衆擎易擧，一個合作的社會，方是進步的社會。這種合作的關係，爲何發生？消極的，如孔子所說：「己所不欲，勿施於人。」這是承認他人，對他人寄予同情。但這還不夠，重要在於「君子成人之美，不成人之惡。」這就是一個人樂羣精神的最高表現，正如詩經上的「如切如磋，如琢如磨」。西方人的口頭禪是「我能幫助你嗎？」這句話的意義非常重大。而中國人彼此相處，則近乎冷漠。往往看到路上有人被車所撞，周圍站着許多人作壁上觀而不加援手。類此習慣，便無由造成社會的進步。

三、對異見的容忍：

前面談到自尊尊人，自重重人。尊重他人之道甚多；最起碼的要求，就是要容忍其不同於自己的意見。

研究民意的人一定瞭解，意見的產生是很複雜的。最簡單的道理，是刺激和反應的關係。僅僅一個刺激，傳達到許多人心裏，可能產生千百種不同的反應。爲什麼會有這種差異？主要因爲每個人有自己的情緒、感覺、成見或偏見，有自己的教育和生活背景，有自己的主觀需要和對事物先存的觀念。因此，面對着許多與自己不同的意見，只應求其和，不應強其同。正如孔子所言：「君子和而不同，小人同而不和。」但是，有一些缺少民主修養的人，最常見的態度便是只喜歡與自己相同的意見，而容不得與自己不同的意見。甚至不尊重他人和自己一樣，也有同等表達的權利。

西哲伏爾泰的話發人深省。他說：「我雖不同意你的看法，但要抵死維護你說話的權利。」這種寬濶的胸懷如何養成？主要就是對他人的意見加以尊重，就像尊重自己的意見一樣。認眞的說，各種意見極難確定誰是絕對的對或錯。我們不要把容忍異見視爲一件痛苦的事。事實上，容忍異見是絕頂快樂的事。因異見可使人心智擴大。容忍異見，不一定要你同意其不同的意見，至少可以知道還有不同的意見存在。如果他人意見是對的，固可修正自己的意見。卽使知道他人的意見是不對的，也可以讓你知道自己的意見是對的。

四、對爭辯的雅量：

俗語說：「眞金不怕火煉」。又說：「眞理愈辯愈明」。這種由異見的接觸而產生眞理的精神，就是民主政治的眞締，自也是民主修養所必需。凡事誠然意見不一，但經過互相切磋之後，總可以產生為雙方或多方所共同接受的眞理。這也是一個人理性化的過程。

眞理難尋。理性化確是個艱難的過程。我們每天都在反省、都在檢討、都在計劃。當可想知此過程之中充滿坎坷，甚至陷阱，譬如人的感情、偏見、自私心、和意識模式種種。因此，我們需要他人的啓廸和幫助。而各種意見之間的接觸和爭辯，正是通達理性最安全與最簡捷的途徑。具有深厚民主基礎的國家，其人民多具有辯論的習慣和尊重眞理的意願。

一個人容忍異見，已不容易。若能維護甚至爭取對方與自己爭辯的權利，確實是一種修養。我們常說：「禮尚往來」。這已是尊重對方了，倘若改為「理上往來」，便更見民主的修養。孔子說過：「君子揖讓而升，必也射乎?」，可知君子之爭是多麼美好的事。

五、對眞理的服從：

不論是與他人的爭辯，或是透過反省而進行的自我爭辯，都是通達理性的過程，這個過程的結論，庶幾近乎眞理。在眞理之前，便應當有接近它和服從它的勇氣。古人說：「知恥近乎勇」。曾子亦說：「吾日三省吾身」。一個人僅知掩飾過失或隱藏過失，便是自欺，是最愚昧的事。

既知眞理而勇於服從，正表示一個人修養的增進，和意境的提高。所謂，「君子之過，如日月之蝕。」。「過不憚改」便是一種民主的修養。

民主社會既重視各種不同的意見，並給予不同意見爭辯的權利；因此，當最接近眞理的意見被採納，而產生一國的政策時，所有原來抱持不同見解的人，莫不膺從，甚至爲它而奮鬪犧牲。這也是民主政治國家力量之所在。

六、對人生的幽默：

幽默兩字，中國早有出處。楚辭有稱：「孔靜幽默」。但意義上與西方的 humor 不同。西方人所稱的幽默，甚難解釋。勉強說來，可視爲一個人對世事、對自己一種暫時超脫的智慧，或是一種片刻引遁的趣味。

幽默的方式，可能是自嘲，也可能是嘲笑他人。自嘲要能不傷自尊。嘲笑他人要不傷害對方的感情。不失於忠厚。不流於淺薄。相反的，還能博得對方或他人會心的微笑。

在人生過程中，在和與人相處中，拂逆之事不知有多少。倘不知幽默，就像一部機器，只知運轉，不知注入幾滴潤滑油。幽默對於一個人，就如機器的潤滑油。它可以使一個人從絕望中發覺生趣，從困頓中略感解脫，從窘迫中獲得救援。幽默未必屬於民主國家人民所專有，但有民主修養的人應知道怎樣去幽默。

一個人但知前進，往往失之魯莽；但知退却，又失之儒弱。所以要在進中有退，退中有進。人生如此才有悠然之樂。這也有賴於幽默的修養。

以上所列擧民主社會的修養。並非西方國家獨有，我國先賢之道中包含甚多。尤其民本思想與民主觀念之發皇，甚至早在西方之前。不幸我們今日每讀民主，必言西化，甚至非古。西方的民主生活方式誠然使我們嚮往，但缺點仍然很多。我們應該用兩執中，要瞭解西方民主社會的特質，也要在中國文化中發掘民主社會的精神。民主教育的灌輸和啓發和民主修養的形成，就是掃除國人自私觀念和散漫行動的唯一途徑，也是全國教師的神聖職責！

（民國五十六年五月十五日在國立師範大學紀念週講演紀錄稿）

青年與革命

國父領導國民革命，歷經廿七年，終於辛亥一役，推翻滿清，建立中華民國。武昌起義時，革命黨人的武裝力量並不比以往任何一役爲強。尤其在黃花崗失敗之後，清廷對革命力量防戒甚嚴，黨人棄廣東而以長江流域爲革命策源地亦需較長時間之佈署。獨以革命黨機關被發現，名册被搜，黨人乃於十月十日，抱必死之決心在武昌倉卒起義，使此滿清重鎭順利光復，並使革命風潮於短短一個月內播及全國。就武昌起義之經過加以分析，不難發現革命事業之成功，精神條件勝於物質，成功成仁之決心足爲革命致勝最重要的武器。

辛亥之役自是 國父從光緒十一年起從事革命行動，歷經十次失敗之後所獲得的最後勝利，亦就是所謂「瓜熟蒂落」或「水到渠成」的意思。但參與武昌起義的黨人所表現的視死如歸的精神，正表現了國民革命志士用血肉頭顱所造成的光榮傳統。黨人們所表現的革命精神，約而言之，包括下列三項：

成仁取義的精神——國民革命事業本是一種基於悲天憫人的懷抱，犧牲小我，完成大我的完美過程。在平常人看來，死亡最爲可怕。但在仁人志士的心目中，視革命犧牲爲成仁爲取義，爲人生最有意義的一面。綜觀國民革命的歷程，任何一次戰役，黨人皆以視死如歸的精神而懾敵人之膽，而使革命事業轟轟烈烈，使其氣勢如江海之滔滔，終不可遏！

以寡勝衆的精神——成仁取義，就個人而言，是人生一種完美的目的，對革命組織而言，却可發生置之死地而後生的效果。也就是說以必死之決心與佈署，換取勝利的結果。因此，革命事業多半成功於以少勝多，以寡勝衆，以弱敵強的態勢。其所以如此，正因爲決心與信心可產生無比強大的動力，和無窮的機會和希望。武昌起義之初，未必料到一舉即可推翻清室，但革命機運終因辛亥之一擊而臻於成熟。

百折不撓的精神——革命的作用就是要打破現狀，創立新猷，其困難是必然的，也是可以預期的。但在一種神聖的目的引導之下，在一種理性的力量鼓舞之下，革命熱情必可汩汩不絕，革命行動也可百折不撓。俗謂：「君子立恒志，小人恒立志」；既以仁義爲懷，可謂君子，則其行動必然一以貫之，雖經艱險而不挫其志。辛亥之役正說明百折不撓以底於成的革命精神。

上述成仁取義的精神、以寡勝衆的精神、和百折不撓的精神，是構成一個國民革命者的特質，原無男女老幼之分。但就客觀的條件分析，青年時期實最富有革命的精神。因此，古今中外，非常之事業常成於青年之手。蔣總統且曾把國民革命幾個歷程，譬如推翻滿清、北伐成功、以及抗日戰爭，喻爲全國革命青年的大結合。

因此，每年海內外慶祝國慶之際，當我們緬懷辛亥革命一役黨人志士的光榮史蹟，其最大意義在於對青年的啓示。特別在今年，中共政權潰勢已成，國民革命最後勝利的機運已經逼近，必待全國青年效革命黨人在武昌起義時之奮勇一擊，大陸乃得重光。因而海內以及大陸青年携手行動之日，就在眼前了，讓我們勇敢的、從容的、堅決的、豎起反共反毛之大旗，以成功成仁的決心，創造中華民國的光榮新頁！

（民國五十六年雙十節海外社特稿）

讀書要趁早

讀書兩字的意義非常廣泛。在學生時代，每談讀書，不外指着課內書籍和課外書籍而言。其實，天地之內，可讀之物甚多。

除上述兩種以外，報紙雜誌不可不讀。讀報紙主要是知道新聞。新聞的價值已越來越高；不但因爲它的正確客觀可存爲史料，而且新穎和廣泛可幫助你趕上時代的潮流。有人說：幾天不讀報紙，便覺得言語無味，這句話很有意思。報紙上除了新聞，還有專欄小品和社論，都是知識性的讀物。就有系統介紹知識和表示意見而言，雜誌自然比報紙還要重要。

報紙雜誌祇是出版物而已。在我們生活的圈子裏，還有許多知識的來源，像講演、電影、討論會、廣播和電視等等。事實上，天地自然、人文社會萬物何嘗不是一本大書。用心去思擬去學習，總可以得到些益處。試看月亮之盈虧、山嶽之雄偉、河川之滔滔、浮雲之悠閑，那些不值得我們學習！

單以讀書而論，也不能把它看得死板，看得那樣現實。古人說：「讀書要是先求受用，次求致用」。受用也就是求心之所安，最主要表現在自修和對人兩方面。所謂自修是指着修心而言。一個人儘管終日不發一語，但體內的機能依然緊張的運行，思想非但沒有間斷，而且更加緊張；甚至問題與答覆的過程益加頻繁。讀書便可以使人安心，使理智增高，情感調和。至於作人，就是自安的表現。果能在內心上有持定之力，對人自然誠懇可親，氣質溫文；恩怨毀譽皆不能影響其心意。

讀書致用，那自然不錯。但不求受用先求致用，便容易流於現實一途。今之惡性補習便是一例。小學生和中學生囫圇吞棗似的唸了很多書，雖能踏進中學和大學之門；但進門之後，所得知識便逐漸付之東流。正像快洗照片一樣浸水時間不夠，三五月內，一張照片便褪成一張白紙。大學生開夜車應付考試，道理也差不多。爲了致用的目的，如前所述，必須讀書；但要讀得從容，涉獵廣泛，尤其貴在能夠吸收和活用。這樣，不但能做事，能解決問題，還能產生創見，更掌握達成理想的途徑。這是第一等做事的人。逛街跑腿，等因奉此，雖然亦是做事，究竟差得多了。

如何讀書，說來話長。但基本道理不外好學、審問、愼思、明辨；而且要從大部的書和難的書讀起。

如果還有該直截了當說出來的，那就是：讀書要早。乘着學生時代，血氣充沛，關係單純，腦筋清楚，記憶力強，應該多多讀書，以免將來興「老大徒悲傷」之嘆。

（「大學生」雜誌社訪問記）

跋「新興民族繁榮之道」

韓國慶熙大學校長趙永植博士近著「新興民族繁榮之道」，經畢業慶大之博士候選人林秋山先生譯成中文，囑我寫跋。最初，我感到猶疑，由於對韓國所知太少；及至竟讀譯文原稿，不禁改變初衷。這是一本充滿了智慧、理性、與感情的著作；是文學，也是哲學；是爲韓國人而寫，也足供所有落後國家人民參考。我必須寫一篇讀後記，發抒滿積心頭的感想。如果這是應盡的義務，我無可逃避，如果這是榮譽，我應爭取。

筆者和趙永植博士早有數面之緣，且曾在位於韓國漢城的慶大校園內作半日之盤桓。撇開這些影響，任何人從本書中皆可對原著者趙永植博士的思想與氣質，獲得明確的印象。他有着強烈的愛國情操，有着深厚的民主修養，更能經常用他科學的頭腦和哲學的眼光，過濾世界上變化多端的現象，探索其根本的原因，尋找出他所要尋求的問題答案。趙博士顯然兼具東方人和西方人的優點。從這本書的字裏行間，到處迸發着這種雋永的活潑的混合的智慧與感情。

趙博士這種特有的氣質，與他四次環繞世界的旅行恐有些關係。他從一九五八年開始每兩年作環球旅行一次，足跡遍及地球上每個角落。整個的世界成爲他的實驗室；與代表各種文化背景的人交談，對各種社會現象加以縱橫的觀察，便是他的實驗；他終於完成了這一篇具有深遠影響價值的報告。

這本書的全部內容與趙博士自己的整套思想是分不開的。鼓吹愛國思想，是本書重要的一部份；然而，這一部份正是趙博士個人思想的主流。本文內凡觸及各種實際問題的地方，無不流露着作者的愛國熱情。每次旅行歸來，他皆懷抱着一番新鮮的希望，想把祖國從昏睡中驚醒，從苦難中救活。他急於看見他所熱愛的祖國同胞皆能爲大韓民國的再造而辛勤的工作，他甚至天眞的希望世界上一切最好的建設都能出現在韓國。

看到這些地方，或以爲趙博士僅是個極端的愛國主義者。事實不然。他如果對韓國人乃至落後國家人民有一分批評，有一分理想，也必然提供了一條實行的途徑。顯然的，趙博士篤信精神的力量神奇而偉大。不過，這裏所說的精神力量，並無宗教式的神秘色彩，也沒有哲學上的玄妙，乃是出諸每一個人內心的理性的覺醒。他說：「那鉅大的財富和文明的差異，並非資源和人種素質等客觀條件的不同所造成的，而是韓國人的精神姿態、覺悟、活動及努力程度的不同，招來相差懸殊的結果。」又說：「我們應該從這個事實得到信仰和力量。」

因此，趙博士在本書中對十八世紀末葉到十九世紀中葉丹麥的國民「協同精神運動」的倡導者 Franz Nachtegall 和 Niels Bukh 二人有着崇高的讚揚。對十九世紀末，猶太民族主義倡導人 Herzl 所提倡的 Zionism 復國建國運動有極大的仰慕，他強調說：「今日以色列之復興，並非依賴龐大的外國援助，或別的什麼經濟力的支持，而僅祇是他們自己要生存下去的慾望和意志所達成的。」趙博士曾兩次遊歷以色列，對彼邦的開拓精神和團結禦侮的精神讚羨不止。相信這些地方也都是刺激他撰寫這本書的動力。

趙博士是教育家，所以堅信良好的教育是興國建國唯一不二的途徑。他極端贊成以色列亞非研究所所長 Akiver Eger 所說的幾句話，卽：「欲求以色列有更大更好的發展，有賴於良好教育之普遍化。」趙博士說：「我想這也是韓國國民所應洗耳恭聽，遵行不誤的良言。我要再三強調：韓國未來的光明前途，其關鍵就在於濃厚的教育熱及很多受過教育的人力資源。」

在第三節的結尾，趙博士曾興奮而激動的說：「只要我們的心地都能互相以不突破目前難關不行，以不達成目標將無地自容爲重，何事不可爲？所以我說祖國的近代化應先從教育着手進行。」

趙博士對落後國家人民的通病曾痛加韃伐。其中之一便是缺少民主的生活修養。他曾將一些毛病稱爲「落後性」，譬如以暴犯上，譬如奢侈浪費，譬如嫉妒傾軋以及玩世不恭等等。他對這種「落後性」極端失望而瀕於絕望之際，提出了一線希望，就是國民生活的向上運動。他認爲這是韓國人民從所謂貧窮而奢侈，無知而自滿的深淵中奮力自救的唯一階梯。他一再指出：光榮不是塔尖，而是基層；又說：部份在團體裏最爲明亮。像這些話該多麼語重心長，發人猛省。

筆者讀畢全書，心裏萬分激動。在拙著「生於憂患」及「勇往直前」兩書中，有許多觀念與趙博士的看法偶同。相信趙博士這種思想終能穿連每一個韓國人的理性而蔚爲大韓民國光榮再造的基本力量。更相信自然的大道理不會虧待誠實而知向上的任何一個人！

（後記）這篇跋本來沒有必要收進集子裏。祇是趙永植博士敎育與國的觀念，和對落後國家所謂「落後性」的鞭撻，筆者極感同情。筆者並且深信欲求中華民族復興，國家重建，必須從全面改革敎育着手。

爲一大事而來

——「勇往直前」代序

我是個隨和的人，也是個倔強的人。
我是個熱鬧的人，也是個孤獨的人。
我是個謙遜的人，也是個認眞的人。

民國四十五年，我剛在美國唸完書，在芝加哥住了不到一年，便去了紐約。我從紐約寫信給密蘇里大學新聞學院院長英格利時博士（F. E. English）說：「我已來到有八百萬人口的紐約，生活在人羣當中。周圍的人越多，我越覺得寂寞。」

很快地，英格利時院長就寄來回信，附了一張很長的名單，都是紐約區密大新聞學院校友的姓名和地址。信上說：「你去看看他們，可不致有客居之苦……。」英格利時院長雖然在校教授「語意學」，但却錯解了我所說「寂寞」一字的意思。

我所指的寂寞，是在精神上不能鑽在人堆裡，接受大家所生活着的現實，這種感覺時時侵襲着我。我幾乎從小就被這種思想的方式所擾。這也算不得是超越現實或是理想主義。祇是受良知所驅使，不安於現實，而想改造現實而已。因此，在青年時代，我比同時代的人顯得老成；到中年以後，又覺得比同時代的人年輕。

抗日戰爭初年，教育部在漢口登記蘇、浙、贛、皖四省流亡學生，運送四川，再繼弦歌。一批一批的烽火孤雛快樂的登上民生公司的輪船啓程西行，就像在母翼下得到了庇護。我偏想獨自在高空飛翔，與卽來的暴風雨相抗。我去報考軍校，還參加遊擊隊幹部訓練班，儘管我當時叫明祇有十六歲，而且還是近視眼。

此後十年，當國勢由弱而強，由強而衰之際，我因爲親自看到東北和華北大片大片的土地是如何地沉淪於共禍，倉皇來到京滬，又見歌舞昇平，不禁由失望而絕望，又在絕望中產生了希望。我當時甚至想投身政治，期以一葦之力抗拒狂潮。

又是十年過去了，我已踏進中年的一半。在美國的紐約和芝加哥兩地都有機會給一個中年的中國人選擇現實。偏在此時，我又覺得年輕起來，竟想順着書生報國的路子從頭做起。民國四十六年，我滿懷希望渡過太平洋，回到祖國。在教育部招待留學生茶會上，我曾慷慨激昂的說：「消極就不回來，回來就不消極！」

教育部高等教育司司長的工作，若干人看來應該有所作爲。可是，我又不甘自欺。在一部老的機器當中，體力和年紀的消磨還是小事，轉而不動則喪失意義。因此，有兩條道路擺在面前時，我終於選擇了一條可以朝前走的路。

正確的說，這那裡是一條路呢？不過是一個方向而已。

在許多地方，我都說過，我對憂患特別敏感。正是所謂「人生不滿百，常懷千歲憂。」因此，我經常在問題與答案中間矛盾。過去如此，現在仍然如此，許多可愛的青年也跟我一樣的矛盾，甚至怪我不能開出一個藥方。我能給他們一個具體的答案嗎？不能！我知道得太少，無法想像未來的世界如何。我祇能告訴他們說：無論順風逆風都要朝前走。至於我自己，想來想去，也祇有一個方向，不是向後，不是停止，也是朝前走。

在這方面，我要特別表示對黃季陸先生的敬意。雖然在工作崗位上，我比黃先生先離開，但在思想的道路上，他並沒有離開，我也沒有離開他。

我深深省悟到，中國社會的一切病態、自私和衰老，皆由於知識不夠。在一個閉塞的社會裡，人的心胸一定狹窄，人的眼光一定短視，人的心情易於滿足。以致，上昇者寡，下沉者衆。

我深信培根所說：「知識就是力量」。予大衆充份接受教育的機會，予人民自由運用知識的權利，不怕社會不能產生推動的力量，不怕它不能邁步向前。

我經常爲憂患之感所苦，就因爲害怕時代進步太快，現實落後太多。幾十年來，想過的，做過的已經不少，終於認識教育是一條進步之路。現行的教育制度和機關，數以百計的學校，和許許多多教書的人就代表敎育嗎？範圍太小了。讓知識大量流通，讓青年多多思想，讓個人受到尊重，生生不息的力量自然產生。這才是一件大事。

作爲一個個人，我隨和、熱鬧、而謙遜。爲了完成一件大事，我將勇往直前！

「自由太平洋文化事業公司」主持人段宏俊先生，將兩年來的拙作輯成一册準備出版。我看看份量實在太少，特將我平時愛讀的一些文章和幾位朋友的書信，而與拙作有關者一併發表，謹此致謝。還有好些朋友，我受了他們在思想上的啓發，雖然不便一一道及，內心裡永遠感念。

青年，我們的繼承人

——兼論中年人的責任——

一、青年、中年、老年

不久前，有人瞅個冷子問我：「你是青年，還是中年？」這個問題問得太簡單了，以致我無法作答。

從語意的角度來看，這句話裏包含幾種不同的含義。所謂青年或老年，可能是指年紀而言，可能是指着心理狀態而言，甚至還有說話的人所特設的意思。

但這句話最可能的一種解釋，大概是說：你既已不是青年人了，何必再談青年的問題，或是從事青年的工作。

果然如此的話，問話的人祇是太多那一類型的中年人的一個。他剛從青年階段過來，已迅速向老年的階段奔去。他沒有回頭望望來者，也沒有想到該給他們留下一點什麼。

但也有不少人，以其旺盛的精神和體力，竟自喻爲青年。使眞正的青年反而沒有伸脚的餘地。

太早離開青年，或太晚還是青年，皆是對青年一辭缺少明晰的概念所致。

從年齡上如何認識青年呢？首先應該否定三十歲到四十歲的人是青年之說。人生階段雖然沒有世界性的劃分標準，雖然我國青年在政治上「發育」得比較緩慢，仍不能把青年階段在年齡上拉得太長。一般說來，二十五歲以前，可稱爲青少年。世界性的青少年活動便多以此爲準。我們如果以任何理由把青年階段延長，最多不應超過三十歲。不然的話，總有點違背自然。

三十歲以上到五十歲的階段，應稱作中年。甚至有人把青年的尾聲和中年的序幕連在一起視爲壯年。但五十歲以後，無論精神體魄如何健旺，在年齡上總已逐漸進入老年的階段。

這樣的劃分未必十分合理。譬如五十歲和五十一歲，只有一歲之差，便從中年邁入老年，似乎過於無情。但遲到哪一年總得有個劃分。所以三十歲以前是青年，五十歲以後是老年，大體上應該說得過去。

再則從心理上認識青年。

心理學家把較早的青年階段稱爲青年期，較後的稱爲年輕成人期，皆被視爲人格生長的重要時期。事實確亦如此。青年期以前，其人格行爲仍在父母親影響之下，年輕成人期以後，自己的人格已經成熟。只有青年階段最是個複雜矛盾，也可說是多采多姿的時期。

我個人對青年的瞭解，也可能是一部份人對青年的瞭解，把青年時期的行爲特徵歸納爲下列幾方面：

青年人富於自尊心、進取心、同情心、和正直感。正好像一枝嫩芽，初沾雨露，縱然周圍盡是汚泥，本身還是一片清新。

青年人冒險而浪漫，他們的生機盎然，只顧生長，那怕巨石壓頂，那怕肢斷骨折。

青年人幻想太多，往往不切實際；青年人情緒不穩，容易興奮，也容易沮喪。正像夏日氣候，一會兒雷雨大作，一會兒晴空萬里。

當然，青年的特徵還有許多，但一般說來，不外以上幾點。雖是幾點，已和中年人和老年人大不相同了。中年人多半是患得患失，老年人又容易暮氣沉沉。所以，青年人就是青年人，中年人就是中年人，老年人就是老年人。無論中年人或老年人若自稱青年，作爲某種程度的象徵則可，觀念上不宜強合。正好像說：「我有獅子般的膂力」；其實，我絕非獅子，更沒有獅子般的膂力。

二、這一代的青年人

從一八九四年甲午戰爭失敗，國父創設興中會開始，足足七十年的中國青年，至少在階段上包括了四代。

第一代的中國青年如陸皓東、徐錫麟、秋瑾、倪映典、鄒容、林覺民和黃花岡一役其他的烈士們皆是殺身成仁、捨生取義的革命黨人，其志氣風骨可與文天祥、史可法等並垂青史。

第二代的中國青年，是五四運動時期的愛國運動者。他們一方面在政治上表現其 年的熱誠，一方面在文化上解脫傳統的束縛。

第三代，應該是民國十三年黃埔軍校設立以迄北伐成功這段期間。其時也，青年精華紛紛南下，投身政黨，實現主義。這是最成功的一代，也是對今日歷史負最重大責任的一代。

第四代，也就是抗日戰爭期間的青年。他們的青年期開始於「九一八」事變，長大於「七七事變」，長成於抗戰勝利。這十幾年期間，他們常常是塞北江南萬里流徙，最後則集中重慶，或攘臂從軍，或在饑寒之中度其弦歌生活，但其半生歲月早和國家的憂患緊緊結合。

第四代的青年人就是今日的中年人，那麼今日這一代的青年如何呢？

從本質上說，今日的青年人和以往的應該沒有兩樣，也不應該有兩樣。雖然沒有相同的生活環境，至少在青年的特徵上應該彼此相同。

但，有誰能否認在臺灣的這一代青年，儘管豐衣足食，但心智上非常迷惘，奮進者有之，掙扎者有之，逃避者亦復不少。

我這裏歸納了一些青年人的自我批評。雖說自我批評，可能就是一些人的通病。

他們認爲這一代青年缺少遠大的理想和責任心。正常的青年原應以天地爲宅，以萬民爲心，以蒼生爲己任。這樣才能以悲天憫人的胸懷，成其驚天動地的偉業。但這些話使許多青年聽了，正如耳邊之風，無動於衷。

他們認爲這一代青年多在現實之中翻騰，隨波逐流，很少逆風而行。因此，讀書時祇看要考的幾頁，作學問亦祇在範圍之內思索。個人得失第一，團體榮譽不惜，一進大學先忙「家教」，未曾畢業，又忙出國。

他們認爲這一代青年還可能有一種病態，就是投機取巧好逸惡勞。也可以說是自私心的延長。不過這種自私心的膨脹是置於蔑視法律和道德的基礎之上。他們說並非不知道怎樣做是好，怎樣做是對，但更相信那樣做了，雖然是好是對，但自己吃虧。所以凡事總抄近路，動歪腦筋，好像守法和道德皆與求學和作人無關。

他們也坦白的指出，若干青年國家觀念較爲薄弱，民族意識也不堅強，整日喪魂失魄，不知何所依附，甚至對自己的前途亦有茫茫之感。

設若以上的話，僅僅出自我自己的觀察，而非與很多青年長久接觸所得到的一些知識，此刻寫來一定要受到內心的譴責，就像犯了什麼罪惡。果然是自己的誇大和說謊而受到良心的譴責，倒亦罷了；痛苦的在於這些批評不是我的虛構，皆出於青年們自己之口。還是我的基本看法，漠視這些現實，是我們的麻木，敵視這些現實，是我們的殘忍。正如我前此說過的：「不去分析他們所處的環境，不去瞭解他們的環境，光是指摘他們，那是不公平的……。」

因此，我們要看一看是什麼環境使這一代青年人多少具有上述的情形，也可以說使他們具有這種情形的，是些什麼環境！

按道理講，眼前正是個波瀾壯濶的時代，隔海就是必要推翻的共匪政權和必待解救的六億同胞，在臺灣也有着做不完的建設工作，其客觀形勢的磅礡雄偉又何異於七十年來的幾個階段。但就是在這個波瀾壯濶的時代裏，許多可以不存在而又存在着的觀念和事實正像白蟻在不斷嚙嚼着青年人的天德，以致大厦仍然是莊嚴的大厦，支柱仍然是渾圓的支柱，但柱子內部精華漸失，而敗屑滿積。

我問過他們，使他們最失望或最不滿的是些什麼？下面是一些答案。

最多的一種是社會風氣的不良，每日充目盈耳皆是兇殺、拐騙、僞造、潛逃、貪汚、奢侈、色情、謾罵、牢騷。這些消息來自大衆傳播事業，來自家人，來自教員，來自任何有文字和動嘴巴的地方，使青年們無所逃避，終對道德法律的眞實性皆感懷疑。

其次，對政治感到失望。各級政府之人事更動和行政效率，甚至若干地方「錢能通神」的現象，使他們沮喪。尤其是地方議會中的種種，使他們對政治漸生厭惡。

再有就是就學和就業的困難，所謂就學的困難，一爲進不了大學，一爲進不了理想的學校和科系。前者固不必論，後者雖說有書可讀，但還沒有走進學校已先蒙上一種失敗者的底子。再加上對所學讀之無味，三年或四年混下來極其容易，但內心空虛。至於就業的困難，更使青年瞭解憑本事祇是就業的窄徑，有力者的八行書才是大道。

無須否認的，有些人對未來局勢感到迷惘，也有些人覺得臺灣太小了，不能任其展翼飛翔，不如飛到更遠的遠方。原因是反攻復國固是國家的目標，也是國人一致的目標，由於一時不能達到，緊張的心情不禁鬆弛下來，一旦鬆弛得太多了就變質爲頹喪。

倒是經濟困難這一點很少有人提到。可能因爲在臺灣維持溫飽並非不易，也可能因爲青年們還沒有家庭負擔。

以上各種答案所代表的眞實意義雖有程度上的不同，而青年們不滿現實也是一種特徵，但誰又能說這不是造成這一代青年的社會環境。

如果青年不斷的空虛，如果青年常受指責，不僅是他們的悲哀，也是老一輩的罪過。

昔人不願青年因具有造物者付予的天德而傲視前人，曾詠詩曰：「朱顏今日雖欺我，白髮他年不讓君。」也就是說：「青年，你今天不要神氣，他日你也要成爲老年。」果然今日還有許多傲視前者的青年，這是多麼可喜的環境。今日，當然不能說是白髮欺朱顏，至少白髮沒有對朱顏灌注其生生不息的活意，盡其提攜愛護的天職。

三、中年人的責任

四年前，我曾寫過一篇：「如何使青年接上這一棒」，難免有人大與「白髮他年不讓君」之概。果然仔細研究題目上的「如何」兩字，再卒讀文內所說：「今日最嚴重的問題，便是青年們與時代脫了節，與責任脫了節。慢說他們接不上這一棒，甚至不想接這一棒；就是接上這一棒，恐怕也不能跑完這一棒。」再看最末一段所說：「青年人的進步固有賴成年人的啓發，青年人的發展，也有待成年人的提拔。」當知「接棒」兩字重在培養青年擔當大任的責任心。「交棒」並非必然的邏輯。

如何使青年在胸襟上開闊，在理想上遠大，在份量上凝量，在行動上果敢，在內容上充實，我認爲下面是幾條可循的途徑。

第一、使青年有可愛者。前面說過，青年們本來具有強烈的自尊心和同情心，必須使他們發揮其愛心，才能拓闊其胸襟。要使他們知道自己的歷史文化雖然古老，但是可愛；自己的國家雖然殘缺，但是可愛；自己的社會雖然不能盡如理想，但是可愛；自己的同胞，雖然爲四海所隔，但是可愛。

有了愛心，才能宏大其理想，以發揚歷史文化爲志，以恢復河山爲志，以更新社會爲志，以團圓同胞爲志。

第二、使青年有可信者。前面說過，青年們皆有正直感，但情緒上亦欠穩定；因此，必須使他們服膺眞理，不要受騙。使他們相信政治的嚴肅，政府的廉能，法律的公正，教育的崇高和道德的可貴。然後，他們才能熱心政治，擁護政府，尊重法律，潛心學問，以及篤行道德。

第三、使青年有可爲者。前面說過，青年們富於進取心和冒險精神，必須使他們獲得一條適當的途徑才能發揮其向上的潛德和旺盛的生命力。則學校和職業的崗位就是青年大有可爲的場所，倘青年們不爲進學校而徬徨，不爲進入較理想的學校而徬徨，不爲學校本身的不理想而徬徨，不爲沒有正當途徑覓業而徬徨，則朝氣自可奮發，青年才能有爲。

使青年們有可愛者，有可信者，有可爲者，我稱之爲中年人的責任。誠然老年應如冬日之可愛，以一慈善煦育之心護念後生，但這一代的中年則剛從青年階段走過，酸甜苦辣，皆在心頭。我們不是經常寄望子女來實現自己不能實現的夢嗎？就讓這一代青年實現我們的夢吧！好在我們尚有灑脫的胸懷，尚有堅固的枝幹，足可使中華民族的幼苗在我們蔭遮之下生長茁壯！

（原載五十四年三月廿九日聯合報）

當前社會中青年自處之道

一、三件有意義的事

最近三年來，社會上有三件非政治性的事，具有重大的意義，值得青年人注意。一是中西文化之爭。這原是個值得冷靜探討的問題；祇要不斷的探討，一定可以找出一條道路，樹立一種觀念，而不必要拚個你死我活。但經過幾次討論，竟形成所謂傳統派和西化派（引用韋政通先生的話）的對立，馴至意氣相爭，終於興訟公堂。雖說中西文化之爭淵源有自。至少這一次的探討，走得太偏太遠。

另一件事，乃是青年自覺運動。由臺灣大學學生發起的青年自覺運動，自五十二年開始，迄今恰好兩年。開始時期之轟轟烈烈令人感動。若干青年，以摩頂放踵的精神身體力行，尤使人竊喜。但無可否認的，兩年下來，推行速度已漸遲緩，推行方式也有人懷疑，甚至還有人認為既云自覺，即無須運動。在這種情形下，青年自覺運動推行會訂於兩週年之日討論「自覺運動的眞諦」及「自覺運動推行會的方向」，我覺得很有意義，也很有必要。

再有一件事，便是可能由於我的一篇文章（五十年四月一日自由青年二八七號刊載：「如何使青年接上這一棒」）和李敖先生一篇文章（五十年十一月一日文星第四十九期刊載：「老年人和棒子」）所引起來的所謂接棒運動。這兩篇文章是開頭。緊接着在「文星」、「文壇」、「新聞天地」、「自由青年」、「民主評論」和「自立晚報」，還有許多其他報刊上曾不斷刊出繼續討論這個問題的文章。接棒的口號和觀念便漸漸散播到政治、教育、社會各方面去了。偏在此時，由於學生批評老師一事而在教育界興起軒然大波（毛子水先生對此有較穩重的批評）。而「接棒」兩字復被廣泛的引用，更從一篇副刋文字挑出了說不通也行不通的文藝交棒問題。這樣一來，「接棒」兩字便使人連帶產生了一種「搶棒」的印象，徒然增加無謂的不安。

二、三件事的意義

這三件事，表面看去，好像是分開的，單獨的；在精神上，毋寧說是貫通的。三件事情的發展都沒有獲得什麼輝煌的結果。其實，任何文化的，思想的和社會的運動皆不可能在短期內獲得輝煌的結果，必須長時期的激盪方能見效。譬如白話文運動，自從胡適之先生在民國六年一月一日出版新青年雜誌上發表「文學改良芻議」，民國九年教育部頒佈命令，要國民學校一二年級的國文自民國九年起一律改用國語，迄今已達四十年，但在今日大學中仍有教授規定學生必須用文言作文。卽是見效較快的政治運動也需要思想的和文化的運動作爲前鋒。但這三件事情的發生則可充份反映出今日的青年羣中有一股力量在動。這可以視爲青年的理性運動。證明今日青年並不完全屬於迷失的一代，或是無知的一代。證明今日青年仍然有思想、有血性、有能力，不會被現實所埋葬，不會盲目的被人牽着走。至少，青年們想在沉悶的斗室中，站起來，打開一扇窗子，透透新鮮的空氣。甚至還想多開幾扇窗子，使更多的新鮮空氣和陽光可以進來。

更何況，實際的影響可能還超過我們所能想像。譬如「接棒」兩字便常常被社會領袖和政治的領袖所談起（王雲五先生曾引用過這個名辭）。政府亦以起用青年人才作爲施政方針。在老一輩的心目中，青年人的重要性已逐漸被承認。最低限度，青年的理性運動正像一顆種子深植在社會之中。我相信在座諸君今後皆可以看到它的生長，甚至聽到它成長的聲音。

三、目前社會的現象——青年苦悶的原因

總統曾說：「時代考驗青年，青年創造時代」。幾乎沒有人在他所生的時代沒有「生不逢辰」之感。不過，我們今日的時代和我們今日的社會確有一些現象，使青年們徬徨不安，受到時代的考驗，也可以說是受着時代的磨鍊。

（一）首先是自農業社會到工業社會的過渡，使人有兩邊不着岸，無所適從之感。我國立國歷史悠久，雖說屢經外患，終能增添並保有一套完整的文物制度。這便是我們今日所稱的固有文

化，也和我國農業社會的型態互爲表裏。但自從西方文化東漸之後，西洋的思想文明與其科學技術同時到來，使我們的「天朝上國」一經接觸便敗下陣來。一連串的失敗和屈辱便形成中國近一百五十年之歷史。中間雖曾經過太平天國、同治中興，亦只是曇花一現。就在此時日本明治天皇於一八六七年卽位，推行維新運動，逐漸向外擴張，形成對我國重大威脅。到一八九五年甲午戰爭爆發，我國敗績，締結馬關條約後，國人的固有文明乃全面受到時代的考驗，民族自信心也淪於崩潰的程度。民國締造以來，迭經內憂外患，建設工作只能間歇進行。卽是物質建設也不能完全脫離農業社會的型態。目前雖說工業起飛，但工業社會則不能飛躍，必須慢慢的形成。現在正是自農業社會逐漸進步到工業社會的過渡階段。

農業社會和工業社會在很多地方都不相同。從衣、食、住、行，個性發展、權威觀念、以及羣我關係等，各方面皆可看得出來。我們現在就置身在這種青黃不接的階段。我們一方面生活在傳統的型態當中，一方面則要改變這個型態。我們很努力的想擺脫一些傳統的負擔，但又缺少一種新的價值標準和生活型態作爲依據。以致社會上衆說紛紜，無所適從，正是所謂進退失據，手足失措。不但我們苦悶，連老一輩在內心上，恐怕也是一樣的苦悶。在這個階段中，社會上一些反常的事情，譬如情殺、自殺、奢侈、貪汚、欺詐、傷害、拐騙、出走等等便不斷發生。甚至交通秩序都無法建立。使人感到社會是在一片混亂當中。

(二) 除農業社會和工業社會過渡期間各種觀念的衝突之外，其次便是戰時與平時的矛盾。

平時的特徵是保障私權，鼓勵私慾。平時的政府權力，可以縮到最小的範圍。而戰時，則趨向於限制私權，節制私慾；政府的權力也趨向於擴張。自從政府遷臺後，已有十六年時間。就形勢上，我們是戰時；實質上，我們是平時。以致每個人的心理上和生活上常常感到兩種力量的衝擊。究竟我們應該節約嗎，還是應該消費？究竟我們應該犧牲小我的權利而視戰時需要爲第一，還是應該維護個人的權利，以樹立民主政治的楷模？這樣一來，我們又感到無所適從了。

再加上，戰時社會一定有許多問題發生，不能輕易解決。長期不能解決的結果，勢必造成人們心理上的失望和頹廢。譬如公教人員待遇問題，倘非戰時不會如此棘手。由於問題的不能解決，一切不良的連鎖反應因而發生，使每一個人在每一分鐘時間內都會遭受到罪惡的挑戰。則首當其衝的公教人員心境上的痛苦可想而知。來自公教人員家庭的青年更是深受影響。

（三）再次，則爲與青年最有直接關係的就學與就業問題。提到就學與就業的困難，首先涉及到一個大的問題，卽人口究竟是資產，還是負債。有人認爲在有限資源下人口是負債，但也有人認爲人力本身就是個資源。至少到今日爲止，我們還沒有確定一個人口政策（蔣夢麟先生提倡節育曾受到社會上許多阻力與責難。）然則人口的大量增加將是自然的結果。有了大量的人口，接下來便是就學和就業的問題了。國民教育雖說學童入學率很高，但潛伏的問題也很多。中學教育從數字上去看好像沒有問題，但因爲家長們皆希望子女們讀好的中學，則惡補問題便因而產生。高等教育本是選擇性的，但因爲資格主義、兵役權利、和出國條件以及費用便宜等因素，人人皆想升入大學，便又發生了問題。

至於就業不能說機會絕對的少，但學與用之間顯然有一段距離。加以從大陸來臺一百多萬人口中，農工成份較少，多半爲公務員和軍人。軍人尙有辦理退除役或轉調文職的機會，文人則不能離開現存生活的依據。因此，在各級機關中障礙了升遷固是事實，根本上亦障礙了新陳代謝的機能。此外，農業方面因實行三七五減租，和耕者有其田，以及推行機耕，農業人口逐漸減少，工商業一時又不能吸收許多人力，自然形成了就業之困難。

再加上整個世界的局勢缺少明朗的變化。民主國家不能以堅定的思想和行動抵抗共產主義的擴張，也使國人對世界前途發生迷惘。各種原因累積起來，很容易使青年人對社會失望，對政治失望，對前途失望。失望之餘，有的趨於消沈，有的演成偏激，絕大部份則走上逃避之一途。因此，出國變成了一種解脫。在精神上、生活上、和身體上的一種解脫，對眼前社會現象的一種報復。很明顯的，在國外，特別在美國，兩三年吃苦之後，便有好學問，好生活，好收入，而且在國內還有好的地位和名譽。不出國則被視爲沒有出息，受人輕視，甚至連婚姻問題都沒有辦法解決。

四、如何解決青年的苦悶

如何解決青年的苦悶，也就是說，如何使今日的社會正常化。除了根本上早日爭取反共戰爭的勝利以外，在目前情形下，至少應該有效的從事下列幾種工作：

（一）推行節育政策減少人口的壓力。本省人口密度在民國三十五年爲每平方公里平均一六九・三七人，至民國五十年已增至三一〇・〇三人。差不多每年每平方里增加十人，則五十四年度爲三五〇人。人口密度之高已居世界第二位。人口增加率從民國三十五年到民國五十年十五年間平均每年增加三十六萬人。以民國五十年計算，人口出生數爲四二〇、二五四人，減除死亡，淨增加爲三十四萬六千，比率是三一・五八。人口增加情形自民國四十五年以後，雖顯示有逐漸減少的趨勢。但數字上每年仍增加一個臺南市的人口。

照此速度不斷增加，以臺灣平均每人每年之生產總值計算，終有不能支撑之一日。無論居住、糧食、醫藥、教育，各方面皆將發生問題。如今只是諱疾忌醫，終非根本之策。唯有以政府力量推行節育，獎勵優生才可。或云提倡節制，必受到人民的反對。須知人民不是不可以教育的。在這方面，領導人民是政府的責任。

（二）推行職業教育，改變職業觀念。如今國民教育未臻健全，普通中學之擴充，徒然製造更多的升學生力軍，增加高等教育之負擔，造成出洋留學之擁擠。唯有提倡職業教育，使其有一技之長，配合工商業的需要。但在今日之環境中，青年視職業教育爲畏途，尤以農職爲甚。原因之一，爲職業畢業生不易取得較高的社會地位。易言之，我們的社會已向工業社會邁進，但社會的觀念仍不能比例提高職業工作者之地位。此外還有許多原因，不能一一列擧。但無論如何，政府當前之教育政策，應針對此種現象以謀補救。

（三）調整高等教育，增加就業機會。本省高等教育極爲發達，民國三十五年全省大學生爲二、九八三人，民國四十五年爲二三、六〇六人，增加十倍。民國五十二年爲五一、七〇七人。（大陸時期，民國二十五年爲四一、九二二人，卅七年爲十五萬五千人）。大專學校自民國三十四年之四所，現已增爲四十一所（軍事學校未計）。

高等教育雖然發達，但缺乏計劃。民國五十年教育部聘請美國史丹福研究所的專家，實地調查後，完成了史丹福報告，教育部於過去兩年內並曾連續舉辦兩次畢業生就業調查，發現大部份大專畢業生所學非所用。鑑於上述事宜，我在教育部服務期間曾提出了所謂教育調整的觀念，希望配合未來經建發展逐年調整大專科系性質及人數。但實行調整困難甚多，主要是缺少統計數字，社會及政治的壓力、師資設備的不足以及光復大陸後之需要種種。但今後爲了增加青年人的就業機會，仍須排除各種困難，逐漸實施高等教育的調整。

（四）認眞實行退休制度，破格起用青年人才。退休制度雖已實行，但聞至六十五歲可以退休年齡者多半申請延長服務至七十歲。更聞由於經費缺少有暫緩實施退休之議。卽使各機關能不斷有人退休，但現行之人事制度多半保障老人憑年資及資格遷升，擢用青年的機會仍然很少。此外大學畢業青年加入公務機關尙有高考及格之限制。由於上述原因，青年若循當前人事制度而升遷，勢須等得髮白齒脫方有出頭之一日。因此之故，唯有有計劃的安置老公務員，有計劃的起用青年，方能使青年大量加入政府機關工作，改革當前的行政風氣。

（五）充實研究機關，培養青年的科學頭腦。青年人不願從事行政而有志於學術，將發現今日學術價值之低落。研究機關異常空虛，自然科學之研究成果尚受重視，社會科學之研究成果，只能歸檔。因此有志學術研究之青年往往望研究機關而却步。

青年不能從事科學研究工作，實是國家最大的損失。去年看到貴校出版的一本雜誌上刊載一楊國樞先生所撰「時不我與」一文引證 H. C. Lehman 著作，謂最好之發明頭腦及可以用得最久之發明頭腦，就自然科學而言，仍爲二十二・一七歲。到二十五歲已差得很多，二十七歲爲極限。超過二十七歲到三十四歲，才能在科學上有研究成果的人，其繼續有效的研究期間，只有四年半。最近有位朋友楊鴻游先生告訴我：美國各大研究機關已不願聘用三十歲以上獲得博士學位的研究人員。（依我國目前的留學政策，大學生出國，拿到博士就要到三十歲了。）

所以國內研究機構非要充實不可。

（六）澄清吏治，嚴明獎懲，顯示社會的公道。現社會雖非「直如弦，死路邊。曲如鉤，反封侯」。至少吏治還不夠澄清，獎懲也不夠分明，所以青年時常對政治和法律發生懷疑。昔哀公問政，孔子說「擧直錯諸枉，則民服，擧枉錯衆直，則民不服」。爲政之道，全在一公字。果事事爲公，青年自無懷疑。

（七）整理固有文化，建立現代社會的價值標準。我不願意深談這個問題，因爲我是外行。

僅以常識判斷，我不認為唾棄國有文化，全盤實行西化是對的。因為文化形成有其民族精神之基礎。誠然我們的文明，特別是科學與技術較西方進步國家落後三百年。甚至說我國若干固有思想已失去時代的意義，成為進步的絆脚石，但不能將固有文化全部拋棄。前此說過，即是政治革命還得要社會的基礎。社會只能進化不能革命。如何進化，就得對固有文化加以整理，以適應時代的潮流。譬如白話文運動，譬如民主政治之推行，特別是民主生活方式的鼓吹，皆不能說沒有發生效果。最近有些報紙提倡新觀念，貴校尚有學生以「現代社會」為名出版雜誌。皆可視在此方面所作的努力。

（八）協助青年向國外發展。在今日環境中，出國深造事實上已成為青年出路之一。這條出路只宜拓寬，不應堵塞。非但留學，我甚至主張不妨考慮向外移民的政策。而且應當放寬出入境限制，使留學生及僑民自由往來，不致使人產生一上了飛機或輪船就有生離死別之感。

五、青年人自處之道

上面所說的，有的屬於政府的工作，有的屬於整個社會的工作。但，不問政治和社會的環境如何，青年人在心理上總得有個準備。青年人應該知道在這個變遷中的大時代如何自處。如何堅強得不會被浪潮所擊倒，如何靈活得可以順應潮流不致迷失自己的方向。以下幾點意見，謹供各位參考。

第一、樹立一個青年應有的責任心。這就是我一向主張的接棒的要義。無論在國內，在國外；在工，在商，在文，在政，在軍，在農；無論男女，無論省籍，都得有個堅強的信念，即自己必然是舊社會的改造者，是新社會的創造者。

顧亭林說：「國家興亡，匹夫有責」。就歷史的時間長流來看，難道我們今日還沒有到興亡的最後一剎那麼？世界上無家可歸的人被稱作流浪漢，無國可歸的人，被稱爲國際難民。那種生活是非常悲慘的。在反攻大陸之前，臺灣就是我們的國家。我們必須全心全力的建設它。

也許你們說：「老一輩不重視我們」。可是我從來不那麼想，須知進化乃是自然的定律，新陳代謝的作用一定會發生。

詩云：「江山代有才人出，各領風騷數百年」，又云：「長江後浪推前浪，世上新人換舊人」。又云：「前水復後水，古今相續流，今人非舊人，年年橋上遊。」有此意境和修養，你才能堅定作一個青年的責任心，才能以你的新觀念面對着傳統和所謂「權威人格」，才能使青年的力量逐漸顯現。

第二、學習謙遜、忍耐和寬恕。中外古今皆認爲謙遜是個美德。麥帥爲子祈禱文亦說：「願上帝賜給他謙恭」，胡適之先生叫人學習容忍。這都是引導我們走向成功的途徑。但要注重，謙遜必須出於自然。若以遜謙、忍耐和寬恕爲得，便是不夠謙遜。

第三、要努力奮鬪，自強不息。光是年輕，並非資本，世上最大之悲劇爲「後人視今亦猶今之視昔」，你笑上一代，你就要努力比上一代強，且莫和他們一樣。所謂「天行健，君子以自強不息」，唯自強方爲君子。

總計以上三點，第一是樂觀，第二是忍耐，第三是奮鬪。我一向以此自勉，也勉勵所有的年輕人。我相信在變遷中的大時代中，這是我們自處之道！

（五十四年五月在臺灣大學講演辭）

（後記）以上是對臺灣大學同學的一篇講演辭。講演過後曾收到幾封信，其中，鄧祖慶同學兩封信指出講辭中幾點矛盾之處，我願意一併刊出。我一向認爲聽講的人向講演的人挑錯，不論是否師生，皆是探求眞理的必要途徑。這與「犯上」不同。孔子說：「三人行，必有我師焉。擇其善者而從之。……」古有一字之師。可知眞理之所在，人人得而爲師。反之，雖爲人師，其實不是。

不過，鄧君所提到的兩點，我有個簡單的說明。

我先說大學應該增加錄取名額，那是追述在教育部高等教育司長任內的舊事。當時，爲了替社會解決一些問題，不能不要求一些已有基礎的大學增加錄取名額，但我並不希望因此而降低大學的水準。換句話說，還是質量並重。

其次，我說農業社會注重個人個性的發展，是指着生活的若干方面而言，譬如手工業的成品便充滿了「個性」。至於工業化的社會，則一切趨向大衆化、集體化，勢必要「從衆」，才能適應羣體的生活。

至於人口數字，我是根據臺灣省新聞處於民國五十一年十月所出版「臺灣的建設」一書「人口」一章的資料。

附錄一　一位學生的來信（一）

王教授鈞鑒：

我是臺大的鄧祖慶，今天是廿一號，政大校慶的忙碌想必已告一段落，所以我寫這一封信向您表示敬謝之意，並談一些其他的事情。

那天演說完畢，你說有那麼多人那麼留心地聽你演講，內心至爲滿意。事實上，如果我們在臺大校總區舉辦的話，聽衆至少增加兩倍以上，不過爲了替本系同學服務，才不得不在法學院辦理。

當天散會之後，同學們不斷地稱讚你的口才和見解，譽爲本學會最成功的一次演講。大家談論的結果，認爲民主社會之中表達能力實在太重要，決定在學會中成立一個由同學個人演講的定期聚會組織，使大家能溝通情感，交換新思想新知識。這眞是王先生對本學會的大貢獻。

我們同學都稱讚您的演說，但並沒忘了挑毛病，有一位同學認爲節育問題可以不必談那麼多，數字資料亦不必提出，因爲在座各位均對之頗有研究，而王老師對此則可能有點外行也。我個人因爲聽得特別小心，所以發現了幾點矛盾之處，應該向您請教：

第一、你先說大學應該增加錄取名額，後來又說：「目前沒有人敢說重質不重量，只敢說質量並重。」並力主推廣職業教育。前後似乎有點衝突，也許您的意思是兩種教育應該齊頭並進，是不是？

第二、你說以前農業社會處處都是權威，這是對的！但又說農業社會注重個人個性的發展，而工業社會則要求人人都能「從衆」。此處「個性」二字如果按照一般的意義則王老師這一句話是可能有點不對的，因爲權威與個性是不能並存的。當然，如果「個性」是按照特殊的解釋，一切都可以說得通。

第三、對於最後幾點自處之道，不管是任何角度的解釋，都是絕對正確的，但是我認爲您對實際的操作技術則較少提示，關於這一點，剛出版的「大學論壇」的社論「我們的路」中有值得一看的論列。愚意以爲目前之大學畢業生應該分爲幾批，分別爲國效勞：㈠出國深造，待機回國，青年勢力可以用「外滙」的方式向老一輩展示，可能棒子問題較易解決。㈡創造新的棒子——就是在社會上創業。㈢有政治才能的人應該在政府機關中力求表現，努力工作，有棒則接之。

這封信已寫得太長，到此擱筆，以後希望再有機會請王老師來本校發表演說。

祝

教書愉快

學生鄧祖慶　敬上　五四、五、二一

附錄二　一位學生的來信（二）

王教授鈞鑒：

昨天上午與您通電話，由於後面有人排隊等着，所以匆匆結束，請原諒。我曾仔細地反省，發覺自己仍然不夠謙遜，應該繼續努力「學習謙遜」！在上一封信中，關於人口問題，說什麼「在座各位頗有研究」，雖然不是我個人的意見，但是畢竟太沒有禮貌了！爲了彌補自己的過失，我把平日保存的剪報，寄上若干份，作爲您寫這一篇文章的參考。在電話中，老師說：談節育問題是爲了與青年的就業問題兩件事情連起來，關於後者，您是前任高教司長，知道的一定比我多，我只知道：「我們贊成建立學徒制度」一文中引用的資料：九六%在政府做事，而其中四二·五%當了教員！關於節育問題，去年工商日報上有一篇：「臺灣的人口颱風與教育警報」，其中可能有些資料可以充實您這篇文章的內容。

這個月十八號，經濟學會要我辦了一個「綜合發言大會」，討論中國現代化問題，同學談得非常起勁。會後，我深受感動，我覺得這一代青年之中，有大志向而又同時有實際打算的青年，實在不少。有一位同學說將來去了美國，要待在美國，想盡方法建立高的社會地位，讓那裡的資本家來臺灣投資。還有一位立志要在畢業之後到一個朋友的農場裡去當小工，學習如何經營一個農場！但願他們將來都不會因爲受到挫折而改變初衷！

王老師在電話中曾問及我們計劃成立的學生個人演講的聚會，經過我們再三的考慮，決定繼續過去「綜合發言大會」的方法，加以推廣和改進。所謂「綜合發言大會」又名「滔滔大會」，是我們發明的一種訓練表達及思考能力的方式。凡是參加的同學，要在演講、討論、辯論三種方式中選擇一種，演講及辯論者必須具備講題，講完之後，演講者必須接受台下聽衆的詢問；而辯論者則必須向提出相反意見的同學，提出答辯。當然，辯論者的講話必須是極端性的見解。討論者主要的任務是向演講者或辯論者提出詢問或「攻擊」！但是也有一次的機會上台發表「卽席感想」！

這種方式是許世光同學想出來的，第一次舉行時題目是「宗教」，情況空前熱烈，許多同學經歷過這次大會之後，就再也不怕上台說話了！後來，「臺風社」也仿效我們開了一個「婚姻與戀愛問題綜合發言大會」，男女同學一塊兒討論，內容更使人大開眼界，深覺每一個人都有每一個人的見解，聽了之後實在獲益良多。

這種發言大會，原來的目的是改進辯論賽的單調和弊端，同時製造現代民主國家議會中的氣氛，培養大家民主的性格和風度。

我們這種方式是否可以向政治大學「推廣」？如果王老師認為有價值，不妨向貴校各系同學推薦一下。

寫到這裡，應該打住了，最後我必須再向您表示敬意，因爲這回演講，您列擧出三大非政治性的運動，使得我們對自己所處的環境，有了更清楚的認識。王老師不愧爲一位觀察敏銳的思想家了！

學生鄧祖慶 敬上 五四、五、二六

新聞、教育、政治

一、新聞事業的價值

(一) 不易瞭解的職業

社會進步的動力，還是觀念。一個人的觀念影響一個人的現在和將來。一羣人的觀念，自然也影響一個社會。古今大政治家、大思想家，大教育家，必定以其個人的觀念喚起社會的共鳴，才能蔚爲一代之思潮，形成社會的風氣，影響國家或整個的世界。倘若僅僅是許多人，而缺少共同的觀念，則不能形成社會。同樣地，倘社會對一種事業缺少共同的認識，這種事業也就不能爲社會所用。

新聞事業便是一種不易爲人所瞭解的事業。一般人對新聞事業的觀念頗有不同。甚至到今天爲止，尚有很多社會的領袖或政治領袖認爲新聞事業祇是一種宣傳事業，是政府權力可以支配的一個部門。也有許多新聞事業的工作者，視新聞事業爲謀利的工具，或是社會上的特權階級。至於一般人的看法則更不一致；大體說來，總是根據他個人所接觸到的哪一個新聞記者或是哪一張報紙，或是哪一個廣播的節目，而產生對新聞事業的觀念；很少作深入和全面的研究以求瞭解。特別在我國，社會上還沒有一種現成的觀念，告訴大家新聞事業是什麼，就像我們瞭解工商業或其他行業那樣清楚。

我不知道在座諸君對新聞事業是什麼看法？但可以猜得出在好的方面，不外是新奇的或是有活力的。在壞的方面的，不外是咄咄逼人的和討厭的。這些批評都對，也都錯。因爲新聞事業是這樣一種具有多方面特性的事業，它有令人欣賞的地方，也有其不可避免令人厭煩的地方。從事這種職業的人，勇敢得像個戰士但慈悲得像個宗教家。公正得像個法官但狡猾得像個賭徒。迂腐得像個學究機警得像個偵探。總之，從事這種職業的人，是「神仙、老虎、狗」。

(二) 新聞事業的核心作用

那麼，新聞事業究竟是什麼性質呢？

簡單的說，新聞事業的核心作用，祇有兩部份：一是正確的報導，一是理性的批評。諸君以爲這兩個作用有什麼重大的意義呢？實在說來，我們今日所生活的世界比任何時期更迫切的需要這個工作，需要這個職業，也需要允許這種職業從事這種工作的制度。可是自古到今，在我們所生活的世界裏正不知有多少力量，要妨害這種工作，要影響這種職業，要破壞這個制度，無論是政治上的、社會上的、經濟上的，甚至是個人的。

不容正確報導，就是剝奪人民知之權利。不容理性批評的存在，就是剝奪了人民言論出版的自由。兩者皆能使人民陷於愚蠢與無知。因此，一部新聞事業的歷史，固然是一部社會進化史，也是一部新聞自由的鬪爭史，也是一部民主政治的奮鬪史。這是人類永遠不能結束的戰爭，永遠不能完成的工作。

（三）新聞自由的代價

新聞事業爲了從事正確的報導和理性的批評，曾經付出過很高的代價。一方面，它要和權力階級鬪爭。一方面它也要對本身的缺點，作理智的反省和糾正。對於後者，比較是個專門的問題，容以後再討論，對於前者，我們不妨將過去的歷史作一簡單的回顧。

各位知道，人類自從有社會以來，就有所謂權力階級或權威（Authority）的存在。權力的來源無論假託於天命，借助於傳統，經武力而獲得，或基於公共的信託；其不願見可能危及現存制度的思想或消息自由流通，則屬一樣。也可以說，任何權力階級倘不能追求進步，常成爲一種保守的力量。它贊同現存的觀念，支持現有的狀況，並希望這種形態能夠逐代相傳。甚至一個新起的權力階段，也會很快的承襲了前人的缺點，維護現狀，厭惡批評。因此，壓迫、限制、或禁止客觀的消息和有智慧的意見自由流通，就成爲有史以來不時存在的思想與行動。相反地，維護這種權利的力量也無時不在奮鬪之中。

思想和消息的大量傳播，自以發明活字印刷術爲始。約從十六世紀，金屬活字印刷術初經問世，一連串的管制便接踵而來。事實上，在此之前，當人與人間思想消息的傳播還在口述、手寫，乃至雕版印刷階段，控制的觀念和行動已經產生。特別在統治者與被統治者之間尤甚。

孔子的思想不可謂不開明。但論語泰伯篇，尙有「民可使由之，不可使知之」之句。孔子思想自是主張聖者賢者爲君則民不知不妨。但爲君者，誰不認爲自己是聖者賢者呢？誰又願意人民知道得太多呢？

秦漢以後，壓制言論思想自由之事則叠出不窮，如秦始皇的焚書坑儒，漢武帝的表彰六經，漢末的禁錮，宋朝的查禁小報，乃至明清兩代文字獄皆可視爲限制思想和消息自由流通的證明。尤其是宋時海陵集論禁小報，曾有：「……使朝廷命令，可得而聞，不可得而測；可得而信，不可得而詐，則國體尊而民聽一。」之句，更可看出當時政府如何希望統一民衆的視聽。

西方國家對思想及消息之檢查及限制，最早見於語言傳播時期，及文字開始後，自然更加普遍，早在紀元前四百年，雅典的權力階級便要將蘇格拉底處死，其罪名是蘇格拉底的主張「有害於人民之道德，危及國家之利益」。羅馬共和國對文字作品的限制已時常發生，其範圍且及於誹謗及猥褻。羅馬教會控制政治後，更將監督文字作品之權視爲任何權力階級的必然權力，並有權將若干著作列爲禁書。

自然，一切限制在印刷術發明之後更加嚴厲。印刷術加速了思想及新聞的傳播，加劇了控制傳播自由的活動，並使維護自由的努力更加劇烈的進行。這是一種連鎖反應。

雕版印刷，我國隋代卽已開始，唐朝時期最爲興盛。宋慶曆時，活字印刷發明。這是我國在印刷術上的重大發明與成就。但在我國古舊的社會中，雖然有了像這樣的文明動力，但沒有繼續改善，以致使印刷術在我國發芽，在外國開花結果。不過當印刷術環繞世界一週又回到我國而成爲傳播的動力時，正是滿淸末年壓制思想和消息自由傳播最嚴厲的時期。民國建立之後，初則軍閥割據，繼有列強侵略，再則爲共匪叛亂，使新聞事業所遭遇之困難可謂此起彼落，綿延未絕。無形中，對民主政治之建立以及新聞事業本身之發展，皆有妨碍。

西方國家，情形稍異。但上述連鎖反應最爲明顯。德人蓋騰堡在一四五〇年發明活字印刷術後，不到五十年時間，印刷機的威力就被權力階級所發現而伸出控制之手。美國徐曼博士把金屬活字印刷術發明前後控制新聞自由及思想自由的思想及行動，歸納爲極權主義觀念(Authoritarianism)其來源有三：一爲歐洲王朝統治者以及他們所造成的世襲貴族，這些人爲了保護他們的既得利益，自然要壓制自由的新聞和言論。其次是羅馬敎會，他們以人類的牧者自居，爲防止其臣民被所謂的邪說所影響，也要掌握並控制新聞傳播事業，再則爲極權主義的政治哲學家。

印刷術發明後，最早用來控制新聞自由的方法是登記和檢查。一五〇一年，敎皇亞歷山大第六首先頒佈命令，禁止未經登記許可的印刷，實際上等於樹立了檢查制度。從此，在任何天主敎的國家，無論政教兩方面都擴大使用這種權力。從書籍到小册子，以及定期刊物。其檢查範圍，最初是觀念的、思想的，進而擴大到政治的，終而及於軍事、經濟及外交。

英國及其美洲殖民地在十八世紀自由主義逐漸蔓延之前所加諸印刷出版事業的控制也極爲明顯。英國早在一五二九年亨利第八便公佈了特許發售的出版品名單，稍後又實行登記制度，在十七世紀結束前始終實行着非常嚴竣的出版檢查及登記制度。在十八世紀，還有知識稅和煽動誹謗罪，限制人民得到知識之權利及言論自由之權利。美國獨立戰爭以前，所有殖民地各州，幾乎完全沒有言論及出版自由。美國於一六九〇年九月廿五日出版第一份「國內外公共紀聞」時，甫經出版，卽被查封，理由是「未得權力當局的同意」。禁令中並規定「任何人今後未經登記許可不得印刷任何出版品。」

現在，雖然如徐曼博士所說的 Authoritarianism 已經過去，甚至連十九世紀的 Libertaranism 亦漸爲公共責任觀念所代替，但歐美國家仍然不能免於歪曲新聞封鎖新聞一類事件的發生。如杜魯門在總統任內一度主張政府於必要時可接管全國的新聞事業，至少在行動上採取過消息分類政策。最近越南戰爭緊張後，美國國防部便曾對一條航空母艦離開聖地牙哥開往越南的消息以及其他消息加以封鎖。紐約時報於四月廿三日曾著論指責國務院、國防部和白宮操縱越南戰爭新聞。

亞洲國家如日本，情形自略不同。四月五日東京警視廳一警官尙因阻撓記者採訪韓外長與椎名外相採訪的新聞而受到降級處分，但大部份亞洲國家的新聞事業仍舊不斷受着壓制和摧殘。

(四)「視思明、聽思聰」

諸君！從上述事實中，可充份看出新聞事業欲維持其正確報導和理性批評的作用是何等不易。可是，這個作用對我們所奉行的民主政治又是這樣重要。論語季氏篇孔子曰：「君子有九思」。其首二者卽爲「視思明，聽思聰」。但孔子所強調者爲君子，卽爲聖王，爲公卿。但今日民主時代，國家之主人是人民，故「正確的報導和理性的批評」殆爲使人民「視思明，聽思聰」的唯一途徑。易言之，使人民聰明卽爲新聞事業的眞正作用。其重要性，特別是各位未來的民主政治家而言，不是可喻矣！

二、教育使人顯現美質

(一)自由的學校和印刷

前面提到權力階級如何控制印刷機。但在過去的權力階級眼中，敎育也是個不祥之物。我們不敢說孔子所說：「民可使由之，不可使知之」一句話必然有愚民的意味，但在專制政治之下，統治者確實不希望人民有足夠的知識可以過問公共的事物。

英國駐維吉尼亞洲總督伯克雷（Sir William Berkeley）在他服務三十八年退休前於一六七一年寫信給英皇說：「感謝上帝，我們還沒有自由的學校和印刷，我希望在今後幾百年也不會有它。因爲，求知爲世界帶來反抗與不安，而印刷更使其擴大，並帶來對政府的誹謗。上帝的神靈使我們永遠不會有它。」

（二）民主政治需要自由的教育

今日的發展當使伯克雷爵士在天之靈大失所望。因爲歷經十八世紀美國和法國兩次大革命之後，民主政治的形態逐漸完成，不僅限制新聞事業的力量逐漸減弱，教育機會平等的原則亦逐漸建立。十八世紀英國著名文學家愛迪生（Joseph Addison）曾說：「我認爲一個人如果沒受教育，就好像埋藏在石礦中的大理石，看不出一點內在的美，必須有技術的石匠才能恢復它的顏色，把表層磨光，顯出它原有的雲彩和紋路。」如今，愛迪生的教育哲學已經成爲各國的教育制度。任何民主國家無不想透過自由的教育，把一個混沌的人琢磨成器。

一九四八年十二月十日聯合國第三次大會中所通過的人權宣言第二十六條第一款就說：「教育爲每人應享的權利，在最初基本階段中，教育是免費的，國民教育應爲強迫的，技術及職業教育應力求普遍；高等教育應根據才能公平選拔。」

我們所看得到的，今日世界各國皆在振興教育，延長義務教育的年限，推廣職業教育及技術教育，發展高等教育。使全世界在一九五七年至一九五八年學年度的在校學生增為三億四千一百萬人，為全世界總人口數的百分之十二·四（或八分之一），而一九五三年則祇有百分之十一·六。其中，各大洲比例又不相同，北美洲高達百分之廿三。非洲為百分之七·二。亞洲為百分之十·三。（中國已接近百分之廿五）。這說明專制制度下的愚民政策已為民主制度下人力資源的觀念所代替，認為人人皆有接受教育和追求幸福的機會。就整個國家而言，教育更是一個大的投資，視人力為重要的資源。

我們所以強調教育的重要，因為教育與政治的關係一如新聞和政治一樣。在民主國家，既由人民作主，自然唯恐人民沒有足夠的知識。美國聯邦教育經費每年約三百四十億元，而今年年初，詹森總統更向國會提出一個新的法案要求再增加十三億經費，卽增加百分之四。法案指出其特殊目的在使千萬條件不甚優厚最需要教育的青年以受教育的機會。

在今年三月一日美國擧行全國教育立法會議時，詹森總統蒞會演說曾指出：「沒有任何事比教育更足以影響國家的前途」。建立世界和平，發展國家經濟，實施民主制度，維護自由：無一不靠教育的進步。

（三）教育創造進步的力量。

教育本身並不能達成上述目的，主要是透過教育產生進步的力量。由進步的力量完成這個目的。美國詹森總統最近對一羣優秀的科學青年說：「一九九二年（三十八年後），當我們紀念發現美國新大陸五百週年紀念之日，你們所發現的當遠超過哥倫布當年的成就……那時，地球上的距離已失去意義，人類將隨意來往於諸星球之間，你們將在海底從事農作，在南北極設置牧場、在沙漠與叢林中耕種……。」這一些祇是科學的進步而已。事實上，到了一九九二年，公共事物、個人生活、和人羣關係也要比現在不知要複雜多少倍。這一些都需要教育來培養人民對公共事物的興趣，來培養處理公共事物的能力，來解決這些複雜的問題。至於科學發展僅其一端而已。

(四) 學術自由的重要

如上所述，教育的目的，既然在培養進步的力量，則學校裏，無論是教室、圖書館和試驗室，都是培養進步力量的場所。但如何才能產生進步的力量呢？首先，我敢說要打破「教育即傳授」的觀念。倘若教育僅為知識的傳授，則人類的文化便要萎縮。

無論是自然科學或社會科學，教育必須像一個火種，目的在燃燒起大家的智慧，特別是年輕一代的智慧。一般人為「傳道、授業、解惑」三句話所鎮懾，以致使學校成為知識的批發市場，這是個大的錯誤。我們一定要打破這些傳統的觀念，打破成見，向權威挑戰，向眞知看齊。

因此，教育便和新聞事業一樣，需要獨立的思想、客觀態度，和自由的空氣。在這方面，我認為最好的教育方式是要多多利用青年人的眼睛、耳朵、嘴巴、手和脚。傅斯年先生曾用「上窮碧落下黃泉，動手動脚找東西」這兩句話作為研究歷史的方法。擴大而言，任何學科皆應如此。

(五) 教育和新聞正如手之兩面

自由的教育使每一個人產生智慧。而自由的新聞事業呢，如前所述則使人聰明。一個人有了智慧，更能耳聽目明，才能對任何公共問題作明智的反應。而人民對公共問題明智的反應，就是民主政治的基礎。因此，新聞與教育正如手之兩面。

事實上，新聞與教育有很大的領域是重叠的。

我們剛才所說的教育，是指着學校教育而言。但教育的另一方面是廣大的社會教育，包括出版、廣播、電視、電視圖書舘、講演和講習會。這就是所謂的大衆傳播教育。

今天言大衆傳播教育每被與空中學制相混。其實，空中學制的建立尚在其次，透過大衆傳播媒介來實施教育則是任何國家所不可忽略的工作，尤以民主國家為然。美國政府之獎勵設置圖書舘，如教育電臺保留頻率皆是。其目的，不外是將知識大量傳播出去，使人民具有更高的智慧，使民主政治獲得最大的保障。

在新聞事業而言，所謂「正確的報導和理性的意見」僅是其核心作用。傳播知識也是作用之一。試看廣播電臺的教育節目，報紙雜誌的專論專刊無一不是教育。而知識性也被公認為新聞教育的目的之一。

因此之故，當我們說：「新聞事業是民主的看門狗」時，一定知道，其所依循的途徑，何僅新聞與意見而已，更包括知識！

三、政治與新聞事業

(一)民主政治基於民意

教育事業使人民有智慧，新聞事業使人民可以聰明。一個人有了智慧，更能耳聰目明，才能對公共問題作明智的反應。而人民對公共問題明智的反應，就是民主政治的基礎。

這是我們在第二部份結尾時所說的一段話。現在就產生了一個新的問題，即「爲什麼人民對公共問題有明智的反應就是民主政治的基礎？」

諸君深知，民主政治也就是民意政治。政府的一切權利建基在人民意見的協同(Consensus)之上。它的過程如何呢？我認爲民主政治之發揮有兩大支柱，一爲有組織的民意，就是國會；一是認定的民意，即爲自由而負責的新聞事業。前者的民意不難確定，只要在表決器上按鈕，即可測知。而這種協同對政府而言具有相當程度的約束性，如果政府不接受這個約束，勢必要觸發解體的危機。但後者的民意則係透過自由而負責的新聞事業所發生的輿論作用，這要政府加以認定。

如今公共關係倡行，所謂公共關係的兩大部份，一爲透過大衆傳播事業將消息傳播給公共而產生意見，一爲透過大衆傳播事業衡量大衆的意見，確定何者代表輿論。所謂輿論不是數量上的多數，而是質素的多數，必須具有理性，方能成爲輿論。但理性的意見何來？勢必先有聰明智慧的公共，才能產生明智的意見。

在這個過程中，新聞事業較國會負着更大的作用。它一方面對公共問題反映民意，供政府作認定輿論之用，一方面還要以正確的消息告訴人民，使他們對公共問題產生明智的意見，並透過其選舉權產生健全的國會。因此，新聞事業之正確報導和理性批評的作用，誠如梁啓超先生所言，足以「監督政府，領導人民」，稱爲民主政治的看門狗，並不爲過。

(二) 新聞事業的政治性

如上述看法可以成立，新聞事業對政治的影響性已十分明顯。從某種角度去看，它是個政治的力量，不容我們否定，也不容我們忽視。

一個新聞記者不可能是一部錄音機。他的一言一行都放射着政治的能。

試以報導新聞爲例。新聞雖說是記者的客觀報導。其實，眞正的客觀報導並不存在。新聞是記者對一件事實所產生的印象，所作的報導。在產生印象階段，記者的知識程度，生活經驗，思想方法皆不相同，觀察角度也不相同，所得印象必不相同。再使用符號加以報導，符號的缺點在語意學中已充分說明，而使用符號者使用符號的能力又不相同，因此，所作的報導更不相同。但人人皆稱其爲客觀的報導。此其一。

此外，絕對客觀既不可能，記者本身又何嘗想絕對客觀呢？自有新聞事業的歷史以來，報紙雜誌一面被報人稱作紀錄（Record），一方面又被稱作評論（Review）。而且從十七世紀以後，至少經過一百五十年的時間，由於政黨報紙的存在，新聞（News）與意見（Views）就不分開。自十九世紀開始，雖說由於社論版的設置以及其他種種原因，新聞與意見分開了，但今日之解釋性新聞及專欄仍然使記者在報導新聞之際都不忘記對讀者的影響，更何況評論。

再進一步言，即使絕對客觀亦可以存在一部份，即使記者也想儘量維持客觀，但社會上尚有種種力量，政治的、經濟的、社會的、或個人的，使記者不能作正確的報導和理性的批評。政黨自然不是客觀的，新聞事業也不能算是客觀的。因此新聞事業實在有極大的政治性。

(三) 政治家與新聞記者

政治與新聞事業有密不可分的關係已如前述。政治家便不能忽視新聞事業對政治的影響。作一個民主國家的政治家必須以民意爲依趨。孔子曾說：「應乎天而順乎民」。但作一個領袖並非先知，並非神明，如何能知民意之所在？如何能對公共問題作最澈透之瞭解？如何能對公共問題作最好的判斷？無他，不外蒐集情報、博採衆意、靈通消息，而作冷靜的分析和判斷。事實上，這個工作非常困難。正如有各種力量使新聞記者作正確的報導和理性的批評一樣，在權力的周圍，也必有一道人牆，使你無法得到眞實的消息和正確的民意。因此，美國林肯總統經常抽空到鄉下去和廣大民衆接觸，當時的陸軍部長勸其節省時間，林肯總統說：「只有這部份時間對我最有益處。」

今之政治家們較林肯幸運多多。因目前民主國家的新聞事業已進步到那種程度可以使政治家們得到很多可靠的消息和意見，而公共關係制度又使政治家與新聞記者之間接近了距離。因此，作一個現代政治工作者，欲實現其對民主政治的抱負，我認爲有三件事情不可忽視！

第一、必須養成每日精讀報紙和雜誌的習慣。無論廣播電視事業如何發達，尙無物可像報紙雜誌這樣給讀者這麼多正確的新聞和深入的意見。

第二、必須養成與新聞記者接近的習慣。並非是利用新聞記者，而是誠懇的瞭解新聞事業的重要性及新聞記者的政治性，這一點，技術上固然要緊，但如何與記者相處，仍屬於一個政治工作者的智慧。

第三、必須養成運用新聞事業探求民意的能力。如前所述，新聞事業是一個公共論壇，可供各種意見的發表與討論。因此，政治家們一定要多多運用這種作用，而達到「順乎天，應乎人」的作用。

（五十四年在東海大學講演辭）

再談青年「接棒」

前言

我在民國五十年四月一日出版的「自由青年」雜誌上寫過一篇文章，題目是「如何使青年接上這一棒」。這個觀念曾引起社會上不斷的反應。從報紙雜誌所刊載的文字上可以看出來，不限於青年，各種年齡的人對這個問題都很關心。也不限於那一種職業，甚至被引用到文藝界。

在我們今日的社會中，「接棒」兩字能成爲衆人的口頭禪，接棒問題能獲得許多人的注意，不是我初料所及。我時常想，既然已成爲一個話題，究竟應不應該再談下去？如果不該談，我已談得太多。如果應該談，我又談得太少。終於，我感覺到談多談少都沒有關係，一定要使這個名辭的眞義被人瞭解。倘討論在錯誤的軌道上進行，這個問題一定會越扯越遠，而不會產生有建設性的結果。

因此，在中國廣播公司和教育電視電臺兩次訪問中，我就把當初寫這篇東西而未能盡意之處再加以引申。

下面就是訪問節目中的答問。

一、何謂棒子

（問）王教授，請問您所謂的棒子何所指？

（答）所謂棒子的含義，在「自由青年」雜誌「如何使青年接上這一棒」拙文中，已作相當明白的解釋。如果再需要作更具體的引申。我想提供下列四點淺見：

第一、棒子並非單指權力而言。一般人的解釋也許過於狹仄。具體的說，我所謂的棒子是使民族延續國家興盛一種總的動力。它包括每一個青年的責任心、工作的能力、和發展的機會。

第二、何謂責任心？任何人可瞭解這是對國家、民族、社會、和人羣負責任的意識。蔣總統說過：「生活的目的在增進全體人類的生活，生命的意義在創造宇宙繼起的生命。」我很喜歡這兩句話，從中可體會出國家民族生生不息的力量所在。

責任心何來？來自一個人的信心。我在「青年的信心何來」一文中，曾說：「更重要的，他們（青年）相信自己的勁頭、本事、看法和能力；不怕和別人比，也不怕比輸。」這種信心一方面來自對自己的尊重，也需要老一輩對青年人的尊重。

第三、除責任心以外，能力是不可缺少的。能力一辭一方面代表知識，一方面則是道德。知識是日新月異的。下一代的知識必然比上一代豐富和高深，否則，文化豈不要萎縮？但知識的豐富與高深必須來自「創造」而不是「翻版。」道德呢？必須是一種活生生的道德。其產生，要看老一輩能做到多少給下一輩看，而不是說到多少讓下一輩聽。如果青年們聽到的太多，看到的太少，甚至看到的和聽到的相反，他們一定對道德的現有含義失望，必然會另外去創造道德的定義，去尋找道德的榜樣。此外，道德的解釋也應該有其時代的意義。今人常說：「人心不古」。事實上，今人有古人的心，是不可能的。

第四、機會也很重要。青年們有了充沛的責任心，有了相當的知識和道德，還要給予嚐試和發揮的機會。一個有活力有朝氣的社會必然充滿這種機會。只有暮氣沉沉的社會，才像一塘死水，儘管偶耳冒上幾個氣泡，實在說不上什麼後浪推前浪。

二、「棒子」在誰的手裏？

（問）那麼，您是說青年手裏還沒有「棒子」嗎？「棒子」現在在誰的手裏呢？

（答）對這個問題，很難明確的回答。但大體說來，在目前社會中，「棒子」恐怕還沒有交給青年的一代。

我聽說　蔣總統曾訓示過黨政高級負責人，要他們鼓舞青年對救國、愛國、和建國的熱誠，恢復青年的信心。可知　總統對這個問題就很注意。總統還說過：「時代考驗青年，青年創造時代」。更可證明　總統對青年擔當創造時代重責大任的殷望。

前行政院副院長王雲五先生辭職之際，好像就說過：要交出這一棒。現任行政院長嚴家淦先生在就職典禮中講話時也提到要多多起用青年人才。

我並非說，青年人都沒有棒子。事實上，若干青年人無論在國內在國外，已有了很傑出的表現。不過，眞正能接到棒子的，究竟是少數，和整個年輕一代不成比例。也就是說，誠然有人在動，但僅是個別的動，而不是整個行列在移動。

也許有人說：何必着急呢，青年早晚總有接棒的一日。這話不錯。但誰又能否認，時代的齒輪正在加速的轉動。政府的工作乃至工商業的活動日漸繁劇。今日的社會比已往任何時期更需要活力（dynamic）。就這一點而言，青年一代越早接棒，對國家越有好處。

更重要的，也是最使人擔心的，在目前社會情形下，青年人想不想接這一棒已快要成爲問題。因此，我認爲我們必須研究如何使青年接上這一棒！

三、如何交出這一棒

（問）在王教授的那篇「如何使青年接上這一棒」一文中，曾提到交棒，請問如何才能交棒？

（答）基於上述的瞭解，對於您這個問題，有三點意見：

第一、我們在觀念上、在思想上，必須有個準備，卽青年必然是這個社會的繼承人，是未來社會的創造者。人人都有承先啓後的責任。我們這一代有義務使他們強壯，我們應該樂意看到他們比我們強。所謂靑出於藍而勝於藍，這是應當的，不可感到意外。如果我們一方面抱殘守闕不想進步，一方面又害怕靑年人爬得太快，那就是整個社會的罪人。

第二、我們應該對靑年多作啓發性的工作，不要只想到敎訓。關於這一點，我曾經撰文說：「我們時時刻刻惦着留給年輕一代的，應該是一種活的文化，一種有生命的文化力量。」所謂活的，或是有生命的，必是不斷生長的，必是可能超越我們的。那麼，什麼是活的文化呢？

它不是現存的知識，而是一種創造知識的力量——科學的研究精神。

它不是道德的敎條，而是一種使敎條更有意義的力量——良好的日常行爲。

它不是襁褓中的安全感，而是一種眞正的安全——繼往開來的責任心。

就這三點而言，人人可以交棒，處處都是交棒的場所。不然的話，靑年只能學到自私淺薄、虛僞和懦弱。這就是整個民族的自殺！

第三、我認爲政府應建立制度，使老一輩有所終，使靑年們有升起的機會。健全的退休和考績制度，僅其一端而已。更重要的，我們要有一個明確的幹部政策。我曾著文說過：「如今各行各業，包括政治在內，對培植靑年，似乎都缺少興趣。以前從事政治的人還想提拔幾個年輕人以充幹；現在，則多靠一個人的本事，有了幹部似乎反成爲累贅。……」

因此，我主張無論政治、工商、學術、教育各行各業，我們應該有計劃的幫助年輕人出頭，增加他們的信心和勇氣，減少他們內在和外在的困難。

有一位老教育家，聽說我提出交棒問題後，曾傲然說：「我們是想交棒，但棒子交給誰？」言外之意，下一代的人太不成材。我的看法是：我們不必說誰來交棒，應該先問問自己，準備把棒子交給誰。

四、如何接上這一棒？

(問)最後，請問王教授，青年究應如何接捧呢？

(答)我有勉勵青年人的三句話，儘管措辭不同，基本精神上是一樣的。就接棒這個問題而言，我認爲：

第一、青年人要體認到接棒不僅是必然的。而且是自然的，社會是不斷進化的，新陳代謝是任何有機體的機能。所謂：「長江後浪推前浪」，一浪一浪總要推着走。老年固非特權，青年也非特權。人人都有向前走的責任和義務。因此，青年人要把接棒這件事，看作自然的過程。接棒和交棒只是完成社會進化過程中的一個步驟，也是不可避免的一個步驟。不可逃避的一個步驟。唯有如此，青年才能心平氣和，既不必沾沾自喜，也不會頹然若失。

第二、青年人要時時刻刻作接棒的準備。如果把棒子一詞解釋爲責任心、能力和機會，則如何交棒倒變爲次要，如何接棒倒十分要緊。今日最可恐懼的，不是青年人要搶棒，而是青年人不願接棒。倘若青年沒有這種責任心，或是缺少足夠的能力，縱然給他機會，也沒有用。因此，我覺得青年必須要積極作接棒的準備，準備隨時隨地在每一個機會裡負起應負的責任。尤其是學習文法科的青年，更不可自暴自棄。從某一角度去看，他們毋寧要負起政治上更多的責任，因此就需要充實自己。

第三、青年人要學習忍耐和堅毅。忍耐不是委曲，堅毅也不是冷酷。相反的，在頭破血出之際，我們更要理性。在飽受挫折之際，我們仍要燃燒着熱情。只要我們保持熱情，對方再頑強也會熔化；我們有理性，就可以立於不敗之地。我願意再強調一點，忍耐不是承受現實，而是準備改造現實；理性尤其可以使自己耳聰目明。

這一代青年的責任

一個人在現實中長成，而要去改造這個現實，自然是萬分困難。但，這個困難終已落在我們這一代青年的頭上了。我們無法逃避，因爲退後一步，就是死所。我們也不能超越，因爲美好的將來不能從天而降。我們祇有面對它，改造它。這是我們當仁不讓的責任。

我已中年過半，但心境上，常和各位青年一樣。剛才有同學希望我說一說自己的青年歷程•我願意很簡單的作一個報告。

一、我的立志經過

我從童年開始便和國家所歷經的憂患結下不解之緣。

我原籍天津。由於父親在東北鐵路上做事，便於民國十九年，與母親和大我兩歲的哥哥到瀋陽暫住，剛巧就住在離瀋陽不遠的皇姑屯——那是日本人炸死張作霖的地方。第二年九月十八日的清晨，大約三時左右，我們全家皆在睡夢中被五響砲聲驚醒。上午到學校去，同學們嘁嘁喳喳的傳出日軍佔領瀋陽的消息。中午，校長召集全校學生上課，叫大家鎮靜，下午照常上課，並且保證在任何情形下，學校決不關門。我們這些小學生們看老師們在一邊落淚，也跟着哭起來，院子裏一片嗚咽之聲。吃過中飯，我和哥哥二人再去學校，路上少見行人，學校大門緊閉，用力推也推不開。這是一個九歲小學生所上到的「最後一課」。

兩天之後，我們擠上一列人落人的火車，從瀋陽逃回天津。沿途祇看見一望無垠的高粱地。這時，正是東北「青紗帳起」的季節。我雖然還不大懂事，但每走完一哩東北的土地，就好像丟掉一些值錢的東西，心裏非常難受。

此後五年，都在天津家鄉度過。但隔不了多久，就鬧一次「事變」。常常幾天之內槍聲不絕，家家存水存糧，深閉門戶。所謂「鬧事變」就是日軍從租界打出來，遭受到我們保安隊的還擊。好幾次，保安隊都鑽進沙包衝到日本租界裏面去。我們當時最崇拜的英雄，還不是 蔣委員長，而是王一民。他是天津大刀隊的隊長。

民國二十五年夏天，我到南京唸書。南方的氣氛和北方又不相同了。在這裏看不到日本兵，高麗浪人，和大刀隊。也聽不到機關槍聲和砲聲。但抗日的情緒似乎比北方還要凝重，而抗日的堅決似乎都存在於人們的心裏。尤其是百靈廟大捷和 蔣委員長西安脫險這兩件大事在南京所造成的狂熱，使我對國家民族的認識雖不像瀋陽事變和平津事變那樣的具體，但却深刻了許多，覺得整個國家已在危難之中，而我們必須在一個偉大的領袖領導下渡過這個災難。

災難終於翌年七月到來，繼蘆溝橋事件之後，上海成爲戰場，南京遭受轟炸。我們一家人開始分散。我們弟兄兩人首先隨學校到了安徽和縣；蕪湖吃緊，又坐了木船溯江而上，民國廿七年元旦到了漢口。從此，與家庭隔絕，開始流浪。我參加過游擊隊幹部訓練班，報考過山西省政府辦的「民族革命抗日大學」，和陸軍軍官學校，最後才投奔了在四川的國立中學唸完高中。在這段期間內，我接受了最嚴格的軍事訓練。我也學會唱歌、演戲、和辦壁報，甚至知道怎樣偵察和傳遞情報。總之，我的年輕的生命已和中華民族一頁悲壯的史詩結合在一起。儘管我的生命，在當時僅是大風浪中的一個水星子，但我屬於整體，沒有逃避，沒有分離，而且積極。

從東北到華北，從華北到江南，從江南到四川，在戰爭的磨鍊中，已經把我的生命和希望與多難的祖國結合成一體。當時的我自知幼小而萬分渺小，但認定愛國的權利和任何大人與大人物一樣，不會比他們少。因此，在抗戰末期，共黨潛伏份子漸在學校裏猖獗之際，我便參加了三民主義青年團，又秘密參加了三民主義研究會，並且在一處軍校的特訓班裏，學習跟共黨份子鬪爭的經驗。可恨的是，越是親共的學生越能得到學校當局的寵愛，甚至拿着政府的公費到美國唸書、作活動，爲共匪宣傳。

尤其在抗戰勝利後，我回到平津，再去東北，親眼看到兩處接收的混亂，我漸漸意識到國家剛從一個災難裏爬起來，恐怕又要跌進另一個災難。曾幾何時，平津再度淪陷。我又來到南京，但已不是民國廿五年的南京了。龍門酒家裏，歌舞通宵達旦。連一些革命元老和三星上將都高叫和談。作爲一個熱血的青年，目擊國事日非，內心苦悶，恐非在座青年朋友所得想像。我無須掩飾當時對政府的失望。我曾在燭影搖曳中與自平來京的北大校長胡適之先生長談。我祇釘問胡先生一個問題：五四運動以後，若干青年學者相約不參加政府工作，願以非政治的途徑來救國。用非政治的途徑來救國是對，還是錯了呢？我多麼希望胡先生赧然的說：「我們錯了。」可是，他祇是默默不語，好久時間，才說：「我還在思索這個問題。」說這話時，他顯得十分衰老而疲憊。

一晃工夫，將近十年的光陰又過去了。我的青年階段就這樣悄悄的結束。當我走進中年階段時，方始得到機會到美國深造。在美國的芝加哥和紐約兩地，我遇見好些和我情形相仿年齡相似的朋友，大家客居無聊，尤其觸目所及皆是高度的西方文化，內心苦悶無從排遣，自然就聚在一起，酣酒高歌，慷慨激昂，已經熄滅了的青年的火焰，似乎又在復燃。當時，我也寫了幾篇文章在國內報紙刊登。但大部份精神都花在和這班志同道合的朋友討論究竟怎樣才能對困難中的祖國作更大的貢獻。從激進的，到溫和的；從政治性的，到非政治性的，每一條路，我們都曾談過。並沒有結論。但由於每個人的環境不同，最能適合大家的，還是從事一種富有教育意義的社會運動。雖然這條路是前人走過了的，失敗了的一條路，至少是短期內不能見效的路；但除此以外，我們還能做些什麼呢？

懷着滿腔熱情，我結束了三年又半的旅美生活，回到了臺灣。教育部長張其昀先生在歡迎茶會上曾特別介紹我和我所學的大衆傳播學。但我起立講話時，却沒有談這些，祇是說：「我要好好的幹。消極就不回來，回來就不消極。」

稍後，我就走上了新聞教育的路。更正確的說，我擔負了國立政治大學新聞系的責任。有人認爲這個工作不夠積極。我認爲這個工作看去消極，但其中有着很大積極的意義。到今天，我在這個崗位上，已度過了七年的時間。如果你們要問我對國家有什麼赫赫之功。我的答案是沒有。不過，教育本來就是百年樹人的事業，求急功近利者與此無緣。但從某種角度去看，能幫助青年培養他們獻身新聞事業的志願和能力，不就是對國家的貢獻嗎？

因此，在兩年的高等教育司長任內，我並沒有放棄這個崗位，終於放棄的，還是教育部的工作。此後，我更是專心的從事這個工作，再有三年，就是十年了。我相信十年新聞教育的工作已足可說明我的志向和決心。

二、今日的社會病態

前面說過，我的童年和青年期間都在國家空前的憂患中度過。尤其是國勢的盛衰起伏，一幕幕映在眼裏，刻在心上，永遠不能遺忘。雖說年華漸老，壯志銷磨，但仍然無時無刻不將國家的榮辱，民生的憂樂，與個人生命的榮枯明晦結合在一起。因此，我對社會的各種現象，特別敏感。自知對國家或不能盡多少責任，但責任心却不能減少毫分。

我對今日的社會並不滿意，耳濡目染，事事皆能觸發良知，而感到痛苦。我知道社會是在緩緩的轉變，從農業走上工業，從保守走上進取，從老枝中茁生新芽。這是任何有機體必然經過的過程，捺也捺不住。但時代的齒輪已在隨着新動力的出現而加速，而我們這部機器似乎惰性很強，一些新的觀念和事物好像是抹在外面的一層油彩，骨子裏似乎紋風不動。

是什麼力量牽住我們的社會，使它不能大踏步朝前走呢？

我想，人人可輕易的指出若干因素。

自私，應居於首位。社會是個體之間高度的協調關係。協調關係越發達，社會也越進步。但一個衰老的社會，個體與個體之間的關係必然趨於僵化，甚至對壘。唯其如此，社會越趨於衰老。而我們的社會中，膨脹的自私觀念便破壞了人與人間道德上和利用上的協調關係，使這個社會中的每一個人多勇於私利，而怯於公益。

在本省久居之人，長期受外國的統治，其明哲保身的生活態度是自然磨鍊出來的，而從大陸各省播遷來臺者，則已飽經滄桑，現實的思想必然濃厚。兩種因素混合起來，急切近利的觀念乃支配了每一個人的行爲。今日社會，雖非「攘利爭先，赴義恐後」，至少在我們所看得到的日常生活行爲中，每一個人常是避重就輕，投機取巧。其背後如何打算，自可想而知。

虛僞，該是鬆化今日社會關係的第二個敵人。這和自私自然有關。人人皆爲己謀的結果，對社會、對團體、對他人必然用虛僞的手段，趨吉避凶，以達到利己的目的。因此，在機關裏，便是敷衍塞責；在朋友間，則是虛情假意。在上下兩代之間，則是言行不符。影響所及，使人與人間失去正常的互信、互助和互相鼓勵，而逐漸代之逢迎，呵諛、懷疑、和陷害，無形中使社會失去了佗應該具有的凝和力。

愚昧，也是使社會不能前進的絆脚石。前面說過，時代的齒輪轉動得太快了，不但自然科學的領域是一日千里，就是社會科學在許多觀念和制度上也有了根本的改變。但我們許多人似乎還缺少作一個現代社會組成份子的知識。誠然政府播遷臺灣十五年迄今，有形的建設工作做了不少，但選擧如何？國民守法觀念如何？公共衞生習慣如何？迷信陋習改進了多少？這都是具體的幾件小事，足可看出國民的觀念與行爲還相當落後，稍作改變，十分困難。考其原因，愚昧而已。

現在的世界，儘人皆知，知識決定一切。國家與國之間不外是國民智力總和的競賽。倘若我們狃於落後的觀念與思想，讓愚昧支配一切，整個的社會何由進步？

雜亂，應是社會過渡時期的一個特徵。經過一個期間的新舊激盪，自必趨於和諧。但我們的社會除了在政治上信奉三民主義的思想之外，在文化方面，可以算是個開放的社會。任何宗教、思想、觀念、制度，乃至文物皆有人引入，皆有人接受。我們傳統的文化，固然說不上有什麼抵抗力，甚至不能供給人們據以批評衡量的力量。說好一點，這是自由的社會；說難聽一點，我們幾已成爲文化上的殖民地。

在這種情形下，要想產生一套新社會的價值標準，極不容易。一個缺乏全面性價值標準的社會，個體之間不能齊一步伐，羣體的力量便難以發揮，甚至會互相抵銷。

歸納以上所述，我們不能否認社會上的確存在着許多病態。使它的進化受到阻礙。我們自然瞭解這個社會的歷史傳統，好的和壞的，知道這個社會的時代任務有多麼沉重。我們似乎應該容忍它，承認它而不加以揭發和鞭撻。但這種容忍，從歷史的眼光去看，是不道德的。我們必須否定壞的，才能產生新的。因此，除非我們沒有查覺出來社會的病態，既經發現，則必須消除。正如治水有賴疏濬，不能讓淤泥阻礙水流，使其泛濫。也像治瘡必須清毒，不能徒靠外科的割治手術，社會的病態一定要從根本上着手，在思想上和觀念上除舊佈新。這就是我們常說的「去腐肉，生新肌。」

三、這一代青年的責任

除舊佈新，談何容易。但，我在開頭時已經說過，這個困難已經落在我們這一代青年的頭上，我們無法逃避。革命的工作是雙重的，建設尤勝於破壞。何況我們是在這個現實中長成的，要去否定它，要去改造它，非得要自我堅強，自我充實，自我教育，自我奮鬭不可。

最重要的，我們千萬不可灰心。我常說新陳代謝是最自然的事。像我這一輩的中年人可以說還沒有做事，也可以說已經做完了。但在座諸君絕不能沉溺在一般性的沮喪情緒中。國家的存亡，民族的斷續，文化的盛衰，皆在你們一念之間。反攻大陸的戰爭，不過是建國工作的序幕。如何揭開序幕，固然需要有志的青年；揭開序幕之後，所呈現在各位面前的，更是大好的人生戰場。因此，消極地說，我們絕不消極；積極地說，我們更要積極！

所謂有志，一個卽足。我常說：小人恒立志，君子立恒志。祇要你在哪一分鐘裏，在哪一塊地方，立定一個報國的志向。那就是你的戰場，你已經成爲戰士，你開始戰鬪，你一定成功。不論是科學家、政治家、文學家都是一樣。

我們前面所說的，自私、虛僞、愚昧和混雜是今日社會的病態，自然是我們的敵人；我們要用服務、眞誠、智慧和信心去克服；反攻大陸之後，在共產思想和制度下所寄生的敵人，比在我們身邊所存在着的，還要多，還要可怕，更需要我們用獻身建設三民主義新社會的精神去克服。

各位同學，展開在我們面前的，是一條漫長的路，艱鉅的路，也是充滿了希望的道路，是一條非走不可的天路。我們必須負起這一代青年必須負起的責任！我們要勇敢的把它走完，直到生命的最後一天！

（民國五十三年八月在暑期青年育樂活動三民主義研究會講演）

從畢業生就業調查報告看高等教育的質與量

高等教育非屬普及性質，要量才施教，俾任何人的聰明才智，皆能得到發揮，成爲國家的專門人才。

一、前　言

我國正式大學教育，從清光緒廿四年創辦京都大學堂開始，已有近七十年歷史。其效果如何，迄無精確的調查。根據我國戡亂建國教育實施綱要。明定「教育爲立國之本。應視時代及環境之需要，縝密計劃，逐步推進。」然則，教育政策自應隨時代進步而作適當之改變，教育設施亦應針對國家之需要而作適當之調整。尤以高等教育非屬普及性質，更要量才施教，俾任何人的聰明才智皆能得到發揮，成爲國家之專門人才。因此，大專畢業生的就業調查工作十分必需而深具意義。

教育部高等教育司於民國五十一年開始爲期三年的專科以上學校畢業生就業調查工作。第一年以國立政治大學、私立東海大學、私立中原理工學院、臺灣省立海事專科學校、臺灣省立農業專科學校及省立護理專科學校等六校民國四十九年度以前的畢業生二、四〇〇人爲調查對象。第二年則以國立臺灣大學、省立中興大學、省立成功大學及國立藝術專科學校等校畢業生二三、〇〇〇人爲調查對象。其餘各校以及僑生則列爲第三年之工作。

第一年調查工作已經完成。共發出調查報告二、四〇〇份，收回一、五三九份，比例高達百分之六十五；其調查結果自遠較任何抽樣調查爲正確。第二年的調查工作亦已完成。第三年的調查工作，聞民國五十四年即可開始。第一年調查所得資料，業經詳加研究，完成「專科以上學校畢業生就業調查報告書」一種。從這份報告書中，實不難對近年以來我國高等教育質與量的問題略加探討。

二、量的發展

報告書前言中，對調查的意義和目的備有一節。內稱：「民國三十四年臺灣光復之初，大專學校祇有四所，學生二、九八三人。現在大專學校增至三十三所（按：五十三年度已增爲四十一所）。學生四四、三一四人。在此國步艱難。財政困苦之情形下，政府寬籌經費，以促進高等教育的發展，提高學術文化水準，誠屬不易。

但教育任務重大，社會期望殷切。大專學校雖迅速擴增班級，以招收學生，但要求升學的青年有增無已，容量仍無法滿足其要求。仍然問題最多，究竟大量培植，其效果如何？重質乎，重量乎？為高等教育一重大問題。」

從這段話中可以看出，教育當局顯然對高等教育量的激增感到困擾。一方面覺得越是設校增班，要求升學的學生越是有增無已。一方面覺得量的擴充已使問題叢生，因而對大量培植的效果，感到懷疑。

隨着人口的自然增加，高等教育量的擴充實不可避免。但在目前情形下的量的膨脹速度是否正常呢？不妨分幾個階段加以回顧。

一、大陸時期——民國元年，全國專科以上學校一一五所，學生四〇、一一四人，約合每一萬中國人中有一個大學生。國民政府成立前，因專門學校改制，學校數及學生數一度減少。到民國廿五年又恢復正常，專科以上學校數為一〇八所，學生四一、九二二人，畢業生九、一五四人。

民國廿六年抗戰爆發，高等教育在量的方面又形減少，但由於政府致力提倡，雖陷區日廣，但數量仍能增加。至民國三十三年，學校數多達一四五所，學生數七八、九〇九人，較十年前增加一半。

抗戰勝利以迄大陸陷匪前，這一段期間，高等教育澎湃發展。民國卅五年，大專學校一八五所，學生人數一二九、三三六人，畢業生二〇、一八五人。民國三十七年，全國大專學校二〇七所，學生人數一五五、〇三六人，戰後三年內，學生人數已增加一倍有奇。若與民國元年相較，則在三十七年內增加了兩倍。但以大學生人數與全國人口總數相比，我國高等教育的數量自仍遠在世界多數國家之後。

二、政府遷臺以後——政府遷臺迄今十五年來，高等教育量的發展型態與大陸時期不同。無論學校數或學生人數皆在飛躍的增加。更因爲臺灣一省，人口有限，使我國高等教育在世界上所佔的地位，頓形提高。

下面一表，可粗略顯示大專學生人數增加情形。

時間	學生總人數	男	女	畢業生數
民國二十五年(戰前全盛時期)	四一、九二二			
民國三十七年(戰後全盛時期)	一五五、○三六			
民國三十五年	二、九八三	二、九二九	五四	一五四
民國四十二年	一一、九四三	一○、一八九	一、七五四	二、五八九
民國四十五年	二三、六○六	一八、七一○	三、八九六	三、三五○
民國四十六年	二五、六一九	二○、八八四	四、七三五	三、七五九
民國四十七年	二七、九三八	二三、二三五	五、七○三	五、七七三
民國四十八年	二九、七七○	二三、三八六	六、三八四	六、○二九
民國四十九年	三五、○六○	二六、八五六	八、二○四	六、七○六

民國五十年	三八、四〇三	二九、四二一	八、九八二	六、二七三
民國五十一年	四四、三一四	三二、九三〇	一一、三八四	九、〇〇四
民國五十二年	五一、七〇七	三七、五二七	一四、一八〇	

下面一表，可看出大專學校歷年增加情形以及其變化的趨勢。

區分	大學			學院			專科學校			總數
時間	國立	省立	私立	國立	省立	私立	國立	省立	私立	
民國三十四年		一			三					四
民國四十二年	一				三			四		八
民國四十六年	三	二	一		二	三		四	二	一七
民國四十九年	四	二	一		二	六	一	五	六	二七
民國五十一年	五	三	一			八	一	八	六	三二
民國五十二年	五	三	二			一〇	一	一〇	五	三六
民國五十三年	五	三	二		一	一〇	一	一一	八	四一

以上兩表，僅是最粗糙的統計，却不能顯示複雜的變化趨勢。但僅從上項數字中，已可看出十五年來高等教育量的膨脹情形已相當引人注意。

從人數方面來看：

第一、民國五十一年臺灣省人口與民國廿五年全國人口比例，約爲一比四十五。民國廿五年全國大學生人數爲四一、九二二人，平均每一萬人口約有一個大學生。但民國五十一年全國大學生爲四四、三一四人，平均每一萬人口中約有四十四個大學生。換句話說，目前在臺灣高等教育量的發展，以學生人數而論，較戰前全盛時期已增加了四十四倍到四十五倍。

每一萬人口中有四十五個大學生的比例，在國際上亦非最少。根據聯合國教科文組織一九五九年資料，每一萬人口中，美國大學生有一三〇人，居首位；俄國一一三人，居二位；菲律賓一〇〇人，居三位；澳州八十一人，居四位；日本七十七人，居五位。依次類推，我國每一萬人口中有二十九個大學生，居第二十一位。但以民國五十二年，一千二百萬人口和五七、六〇三（內包括大專夜間部學生五、八九六人）大專學生計算，則每一萬人口中已有四十八個大學生。這個比例若置之於一九五九的統計，則中國高等教育的地位，依學生人數推斷，當在第十三位。第十二位爲法國（每一萬人口中有五十一個大學生）。第十四位是瑞士（每一萬人口中有四十四個大學生）。

第二、僅就本省範圍來比較，民國卅五年，全省大學生三千人弱。民國五十二年，全省大學生五一、七〇七人（夜間部五、八九六人未計）兩者比較，已增加了十七倍，但人口僅增加一倍。

即以目前和十年前相比較，人口增加不及半倍，但大專學生人數已增加四倍強。

第三、最值得注意的，是每年有更多的高中和高職畢業生希望升學到大專學校，而大專學校的容納量亦隨着逐年增加的報考人數而增加。下面一項統計，可顯示出此種趨勢。

	民國四十七年度	民國四十八年度	民國四十九年度	民國五十年度	民國五十一年度
高中及高職畢業生人數	一八、七五七	二二、二九三	二四、八八九	二七、三七五	三一、八一七
大專聯考報名人數	一七、六八九	二三、六八三	二六、五六四	二九、九五七	三二、九五二
大專聯考錄取人數	六、四九四	六、五一六	九、四〇〇	一一、二七七	一二、三八一
報名與錄取人數比例	36.7%	22.7%	35.3%	37.4%	37.5%

民國四十七年大專聯考報名人數與錄取人數比例是三對一。這種比例五十一年度仍然不變。但報名人數與錄取人數在五年之內已各增加了一倍。此外，自民國四十七年以後報名人數較本屆高中高職畢業生人數爲多，主要因爲上年度未錄取學生的再次報考和已錄取而不合理想二次報考的原故。

第四、在接受高等教育的青年中，女性較男性就學比例更大。若以民國三十五年與五十二年相較，大專女學生人數就增加了二百六十二倍。若以民國四十二年相較，十年內亦增加了十倍。同一時期內，大專男學生僅增加了三倍。若連同夜間部學生一起計算，女學生必然更佔優勢。

從學校方面去看：

第一、從臺灣光復到今年，不到廿年時間，專科以上學校已經增加了十倍。這個數字相當可觀。就是以民國四十二年到目前比較，不過十一年的時間，學校數字已增加了五倍。而其趨勢更是以每年五所學校的比例不斷增加。

第二、在不斷增加的大專學校中，私立學校較公立學校增加的速度更大，足以顯示高等教育的責任，政府負荷已漸趨極限，私人辦學的能力則在不斷提高。譬如在民國四十二年以前，本省連一所私立大專學校都沒有，政府所負高等教育的責任是百分之百。民國四十六年，公立學校十一所，私立學校六所。這證明民間已分擔了政府三分之一的責任。民國五十三年，公立學校廿一所，私立學校廿所；證明民間與政府已平均負擔了高等教育的責任。

第三、表列的大專學校數字僅爲一般的學校。事實上，還有軍事學校也是我國高等教育重要的一面，祇是未爲人所注意而已。目前經教育部授予學位的四年制軍事學校有陸軍軍官校等十所，比敍專科資格的軍事學校有空軍機械學校等二所。另有分授學位及專科資格的中央警官學校。這十三所軍警學校每年也容納不少高中畢業學生，其數字姑不詳列。

三、質的問題

以上是量的變化情形；質的方面，雖不若量變化的明顯，但量變必然影響質變。

先看專科以上學校畢業生就業調查報告書中所提到的幾個重要的問題：

第一、志趣問題——由於大專學校報名人數與錄取人數形成三與一的比例，報考學生勢必多塡志願以增加錄取的機會，甚至有多達近一百個志願者。在這種情形下，其以最後志願錄取者自不能代表其眞正的志願，純係爲了爭取入學的機會。就發揮個人才智而言，這種現象勢將減損敎育的功能，或是造成敎育機會的浪費。但據調查結果，情形並不如一般想像之嚴重。

在一、五三九個寄回調查表的畢業生中，依自己志願而選入學者，多達百分之七十五點一。其中，有百分之五十三點九是基於個人興趣，其他則受家庭環境影響或朋友的勸告等等。非依志願而入學者佔百分之二十四點九。其中，因聯考成績不夠而分發到不合理想科系的佔百分之二十點七，其餘百分之四點二則爲職校畢業生受報考科系限制的原故。另值得注意的，在受調查人中百分之六十七皆依前五個志願而入學。以科系言，甲組土木工程系依其志願入學者佔百分之五十一，乙組外文系佔百分之七十八，丙組森林系佔百分之五十一。證明祇要學業成績到達水準，總有一半以上的機會進入最理想的科系，成績較低者則不能十分如願。

第二、敎育效果問題——由於學校性質以及科系性質及容量無法與社會的需要完全配合，大專畢業生中學非所用者在所不免。但根據此次調查，這種所用非所學的情形以及所學對所用沒有幫助的情形，亦非十分嚴重。

譬如在一、二三八位在各機構任職的大專畢業生中認爲其所讀學科對現職有幫助，而對現職又有興趣者佔百分之六十五點八。表示對現職無興趣者佔百分之三十四點二。對所習學科用到目前工作的情形，表示部份能用者，佔百分之七三，表示完全能用者，佔百分之十八，表示完全無用者佔百分之九。

此外，在八五一位所任工作與所讀科系性質相同的畢業生中，表示所受教育夠用者佔百分之廿一點三，表示所受教育不夠用者，佔百分之七十八點七。

第三、教學內容問題——教育效果不能百分之百的發揮，自與教學內容有關。其主要部份為大學課程內容太偏重理論以致在工作中缺少實用的技能。這種情形從此次調查中已獲得證明。更有趣者，爲受調查大專畢業生中認爲課程必須加強部份爲外國語文和國文，此外，則爲實用科學及基礎學科。一般認爲在大專課程中被過份重視的爲政治科目和理論科目。

課程內容已如上述，其他影響教學的兩個因素爲師資及設備。在寄回調查表的一、五三九名畢業生中，僅九十四人對學校的設備表示尚稱完善，九十二人對師資表示滿意。

上述三項，僅是根據調查結果所作的分析。造成各種現象的原因，表面看去或由於大專學校量的不夠，或由於教學內容的未臻理想，或由於教育設施與社會需要未盡配合。這些自然都有關係，但根本問題仍爲經費及師資的缺乏。簡言之，一個是錢的問題，一個是人的問題。以政府所負擔的經費部份爲例，政府目前所負擔高等教育的經費二億三千萬元，若以每一名學生，每年負擔新臺幣七千元計算，至民國六十一年，政府的負擔要比現在增加二億八千萬元，才能維持目前質的水準。以師資而論，目前大專教員數共爲四、二七九人，較民國四十六年已增加了將近一倍之數，到民國六十一年則需要再增加四千人方能維持目前教學的水準。

四、尾　語

上述高等教育質與量的分析，僅是根據教育部對專科以上畢業生就業情形第一年調查報告所作。最重要的資料須待第二年調查報告完成後方可獲得。俟第三年調查工作結束，當可對我國目前高等教育的全貌獲得更清楚的瞭解。

（五十四年一月一日中華日報）

學校對青年盡了完全責任嗎？

教育雖不限於學校，但學校是教育的基本途徑，也是達成教育的最重要的途徑。學校的主要功能在於變化氣質，完成青年的健全人格，造成國家的優良人才，德、智、體、羣缺一不可。但本省各級學校今日的情況可說或多或少未能善盡其責。

本省在學學生人數，包括補習學校在內，目前共有兩百八十六萬三千多人，佔人口比例百分之廿四強。平均每五個國民中就有一個是學生。就學齡兒童統計，百分之九六・七一曾接受國民教育。小學畢業生中，有百分之五十四繼續接受中學教育。中學畢業生中，有百分之七十八繼續接受專科以上教育。這樣看來，每個國民至少有六年時間，最多有十六年以上的時間要在學校度過。學校如此重要，其責任究竟爲何？盡到了多少？

如今各學校常以升學率提高而自豪。小學固然如此，中學也不例外。甚至堂堂大學猶不免視留學考試或研究所考試的錄取率爲辦學的成績。好像祇有不斷的升學，才是教育的目的。至於教育出什麼樣的人，則在所不計。這就是所謂升學主義。且不論誰應該對升學主義負責，這種風氣已遠離了興辦學校的目的。

教育雖然不限於學校，但學校是教育的基本途徑，也是達成教育目的最重要的途徑。學校絕非知識的商店。學校的主要功能在於變化氣質，完成青年的健全人格，造就國家的優良人才。學校教育，智、德、體、羣缺一不可。希臘時代的學校已是讀書、唱遊、和體操並重。我國教育的傳統，更以「禮、樂、射、御、書、數」六藝爲內容。無論古今中外，學校於青年所負的責任皆是一樣。

然則，本省各級學校今日的情況可以說或多或少未能善盡其責。

前面說過，在升學主義影響之下，學校成爲升學的窄門；學生進入學校後，就要閉着眼向前衝，一口氣衝到留學，才算大功告成。這種情形在中小學階段最爲嚴重。所謂惡性補習，所謂高年級教員位置的爭取，以及包考升學等病態，可說是愈來愈甚。至於學生的體能如何，心智如何，品行如何，皆在其次。單以品行一項而論，不良少年組織的猖獗，雖最好的省立中學亦不能避免。這一方面是對升學主義的一種反抗；一方面也是學校德育功能的衰微。所以如此，學校人事制度的不夠健全，大多數教員待遇的不足仰事俯蓄，皆有關係。

大學和專科學校如何呢？正如中小學一樣，未能給予學生平衡的教育機會。最近舉行的全國公私立大專院校訓導主管會議通過一項議案，指責各校偏重智識及技能教育，尤其是英算理化，而建議設置道德課程，俾德、智、體、羣四育並重。卽單就知識教育而言，諸如師資、課程及教學方法等等又何嘗能與時代並進？

隨着經濟建設的發展，更多的學校必然出現。隨着工業化社會的形成，學校所負的教育責任必然加重。反攻機運的成熟，使人才的需要與儲備更加迫切。在這種趨勢之下，我們深以當前學校的功能爲憂。有許多調查統計的資料，譬如各級學校學生的體檢報告、大專畢業生就業情形調查等等；對這些資料倘作全盤的研究，當可發現我們的憂慮絕非杞人之憂！

（五十三年十二月二十六日中華日報）

爲青年向教育當局呼籲

如何使青年的身心健康，德智並修，捨教育外，別無他途。對教育當局三點呼籲：一、增加全面就學機會 二、提高各級教育水準。三、變化學校行政的作風。

這一代中國青年的處境，本報已有多篇文字詳加分析。我們必須重視這些問題，因爲青年是國家民族的希望，在他（她）們手中掌握着中華民國的未來。國家有無前途，要看這一代青年是否堅強。我們希望明日比今日更好，就要使下一輩比上一輩更強，如何使青年們身心健康，德智並修，捨教育外，別無他途。因此，我們願對教育當局，作幾點呼籲。

第一、增加全面就學機會——自由教育的意義在使國民有不虞教育機會匱乏的自由。事實上，民主政治必須以民智爲基礎。倘國民教育水準不高，民主功能卽無法顯現。我國多年來推行義務教育，使學齡兒童就學率高達百分之九十六・七一，實爲教育上的最大成就。但六年義務教育以後，升學比率則遞次減少。由於爭取升學機會以及進入的優良學校的機會，惡性補習因而產生。在不能或不願升學的青少年中，以將近百分之五十的國校畢業生情形最爲嚴重，這些人沒有具備成爲童工或藝徒的條件，任其自行發展，不獨爲社會的問題，且爲經濟發展中人力的浪費。因此，教育當局計劃實施的國校畢業生志願升學方案，在原則上是有必要的。

但增加就學機會不能到初中爲止，必須在高中或大專的階段同時拓寬。或以爲我們沒有足夠財力可以全面進行；但不全面進行，徒然提高初中入學率，問題還是沒有解決。當前最重要的一件事，是在增加全面就學機會的原則之下，引導更多的青少年走上職業教育的道路，以直接間接達到發揮人力資源的目的。

第二、提高各級教育水準——無可諱言的，近年來各級學校的水準都沒有顯著的提高。國校畢業生志願升學方案誠爲延長義務教育的準備，但六年義務教育的兩部制、三部制是否消除了呢？國校基礎不好，中學教育和大專教育亦沒有積極提高其教學水準，則全面教育水準的低落將無法避免。中國留學生在美國深造，近來已大感吃力的事實，證明他國的教學水準已在日益提高。爲使青年得到更豐富的教育內容，各級學校教員素質的提高，教學方法的改善，教材內容的改良，教學工具的充實都應加緊進行。

第三、變化學校行政的作風——學校爲學生而設，教育的目的在如何使學生獲得智、德、體、羣並重的敎育，成爲國家有用的人材。但今日一部份辦敎育的人，似乎已浸染了官僚主義的作風，雖在大學內，一些從事實際敎育行政的人，猶不免搞派系，爭權力，對學生則以懲處或制服爲快，缺少春風化雨、循循善誘的胸懷。中小學更不待言，流風所及，學生與學校之間不能建立深厚的情感，也沒有正常的橋樑。學校如僅是知識的傳播站，師生如僅是偶然相見的過客，則學生的感情何寄？學校又焉能盡其「集天下英才而敎育之」的偉大功能？

除以上三點之外，如何使學校敎育與人才的需要相配合，也是敎育當局一部份的責任。這不但與提倡職業敎育有關，與高等敎育政策的釐訂和調整更有密切關係。

我們實在不能一一列擧敎育上應興應革的事還有多少，敎育當局近年來的努力亦殊值得欽佩。但爲了使青年得到更多更好的敎育，本文所作的三點呼籲，不過站在本報願爲青年說出其內心感受的立場，坦白陳詞，容或言之稍苛，求之較切，但一片肫誠，應能引起敎育當局的注意。

（五十三年十二月廿九日中華日報）

滄海叢刊已刊行書目（二）

書名	作者	類別
不疑不懼	王洪鈞	教育
文化與教育	錢穆	教育
印度文化十八篇	糜文開	社會
清代科舉	劉兆璸	社會
世界局勢與中國文化	錢穆	社會
國家論	薩孟武譯	社會
紅樓夢與中國舊家庭	薩孟武	社會
財經文存	王作榮	經濟
中國歷代政治得失	錢穆	政治
黃帝	錢穆	歷史
中國歷史精神	錢穆	史學
中國文字學	潘重規	語言
中國聲韻學	潘重規 陳紹棠	語言
還鄉夢的幻滅	賴景瑚	文學
葫蘆・再見	鄭明娳	文學
大地之歌	大地詩社	文學
青春	葉蟬貞	文學
比較文學的墾拓在臺灣	古添洪 陳慧樺	文學
從比較神話到文學	古添洪 陳慧樺	文學
牧場的情思	張媛媛	文學

滄海叢刊已刊行書目(一)

書名	作者	類別
中國學術思想史論叢(一)(二)(三)(四)(五)	錢穆	國學
中西兩百位哲學家	黎建球 鄔昆如	哲學
比較哲學與文化	吳森	哲學
哲學淺識	張康譯	哲學
哲學十大問題	鄔昆如	哲學
孔學漫談	余家菊	中國哲學
中庸誠的哲學	吳怡	中國哲學
哲學演講錄	吳怡	中國哲學
墨家的哲學方法	鐘友聯	中國哲學
韓非子哲學	王邦雄	中國哲學
墨家哲學	蔡仁厚	中國哲學
希臘哲學趣談	鄔昆如	西洋哲學
中世哲學趣談	鄔昆如	西洋哲學
近代哲學趣談	鄔昆如	西洋哲學
現代哲學趣談	鄔昆如	西洋哲學
佛學研究	周中一	佛學
佛學論著	周中一	佛學
禪話	周中一	佛學
都市計劃概論	王紀鯤	工程